7

Jul.

周国平致家长

周国平 著

做不焦虑的父母

浙江人民出版社

图书在版编目（CIP）数据

　　周国平致家长：做不焦虑的父母 / 周国平著. --
杭州：浙江人民出版社，2022.7（2022.11重印）
　　ISBN 978-7-213-10698-9

　　Ⅰ. ①周… Ⅱ. ①周… Ⅲ. ①教育－随笔－中国－文
集 Ⅳ. ①G52-53

中国版本图书馆CIP数据核字（2022）第130693号

周国平致家长：做不焦虑的父母
ZHOU GUOPING ZHI JIAZHANG:ZUO BU JIAOLü DE FUMU
周国平　著

出版发行	浙江人民出版社（杭州市体育场路347号　邮编 310006）
责任编辑	张世琼
责任校对	何培玉
封面设计	胡崇峯
电脑制版	飞鱼时光
印　　刷	嘉业印刷（天津）有限公司
开　　本	880毫米×1230毫米　1 / 32
印　　张	10
字　　数	211千字
版　　次	2022年7月第1版
印　　次	2022年11月第2次印刷
书　　号	ISBN 978-7-213-10698-9
定　　价	55.00元

如发现印装质量问题，影响阅读，请与市场部联系调换。
质量投诉电话：010-82069336

序　言

　　我曾在2009年出版《周国平论教育》一书，2015年又出版了第二册，这两册《论教育》不断再版和重印，很受教育界人士的欢迎。在这两册书的基础上，现在我对我关于教育的文字进行重新编选，内容做了很大调整，删除了一些旧文，增添了许多后来写的新文。同时，两册书的编排不再按照写作的时间，而是按照读者的定位，目标读者分别是教师和家长，取名为《周国平致教师：点亮孩子的心灵》和《周国平致家长：做不焦虑的父母》。

　　在内容上，两册书各有侧重。《致教师》侧重于学校教育，重点论述教育的理念、教师的素质、教学的方法等。《致家长》侧重于家庭教育，重点论述儿童的特点、父母的责任、育儿的智慧等。毫无疑问，这样区分是相对的。不论在学校里，还是在家庭中，教育的基本道理是共通的。所以，最好是把两册书打通起来读。因为我在编选时为了避免重复，在一册里用过的文章，另一册里就不再用，而实际上有相当数量的文章是应该两册通用的。只有一篇文章是两册里都编入的，便是《为生长创造友好的环境》。实在因为这篇文章同时论述了学校教育和家庭教育，而在我看来，为孩子生长创造友好的环境正是教师和家长当前最紧迫的共同责任。

教育是全社会的大事，教师和家长是教育的直接承担者，我渴望对你们说话，和你们交流。作为一个哲学研究者，也作为两个孩子的家长，我一直关注教育问题，希望我的思考对你们有所助益。

周国平

2022年2月23日

目　录

第一辑

迎来小生命

养育小生命是世上最妙不可言的体验。

小生命给父母的启示

在事物上有太多理性的堆积物：语词、概念、意见、评价，等等。在生命上也有太多社会的堆积物：财富、权力、地位、名声，等等。天长日久，堆积物取代本体，组成了一个牢不可破的虚假的世界。

生命是人存在的基础和核心。个人建功创业，致富猎名，倘若结果不能让自己安身立命，究竟有何价值？人类齐家治国，争霸称雄，倘若结果不能让百姓安居乐业，究竟有何价值？

生命所需要的，无非空气、阳光、健康、营养、繁衍，千古如斯，古老而平凡。但是，骄傲的人啊，抛开你的虚荣心和野心吧，你就会知道，这些最简单的享受才是最醇美的。

一个小生命的到来，是启示我们回到生命本身的良机。这时候，生命以纯粹的形态呈现，尚无社会的堆积物，那样招我们喜爱，同时也引我们反省。这时候，深藏在我们生命中的种族本能觉醒了，我们突然发现，生命本身是巨大的喜悦，也是伟大的事业。

爱默生说："婴儿期是永生的救世主，为了诱使堕落的人类重返天国，它不断地来到人类的怀抱。"我想，人类的堕落岂不正在于迷失在堆积物之中了，婴儿期诱使我们重返的天国岂不正是生命本身？

（摘自《宝贝，宝贝》第一卷）

亲情是相认

孩子离开母腹，来到世上，立刻置身在一个陌生的环境里了。在这个环境里，有一个女人和一个男人，如同对其他一切人一样，孩子一开始对他们也是陌生的。同样，这个女人和这个男人也是在孩子出生时才初次看见孩子。在此之前，无论怎么想象，他们对这个孩子都不能形成一个清楚的表象。父母和孩子之间当然有着血缘的联系，但是，孩子出生的那个时刻，却非常像是一种陌生人相遇的情境。

然后，在朝夕相处之中，父母和孩子之间开始了一个相认的过程。这个过程对于父母也是存在的，生活中突然闯进了一个新生命，自己突然成了这个新生命的父母，需要相当一段时间才能摆脱做梦似的恍惚感和不真实感。不过，孩子似乎是更主动的一方，她（他）用她对你的接受、依赖和信任引领着这个相认的过程。有一天，你忽然发现，当她喊你爸爸妈妈时，你是如此理所当然地应答，你做父母的感觉无比踏实，仿佛天老地荒就已经是她的父母了。

婴儿和父母相认的第一步是凝视。

心理学家告诉我们，在世间万物中，新生儿最喜欢看的是人脸。当然，首先是父母的脸，因为父母的脸不但是她最经常看见的，而且在她面前是最有表情的。孩子被人脸吸引，主要是被脸上的表情吸引。和婴儿互相凝视的感觉是奇特而令人入迷的，心中充满了宁静的喜悦和莫名的感动。

和大人相处，是不可能有这种体验的。大人和大人之间似乎不宜长久地对视。大人的世界太复杂了，眼神的表达和解读包含了太多社会性的含义。如果要表达欣赏、感激、友善、默契，等等，会心的一瞥足矣。一个大人被另一个大人长时间地盯视，心里会起反感或恐慌，因为那多半是质疑、审讯、挑衅的表示。两个大人互相长时间地盯视，则多半是一种仇恨的较量。大人之间需要有距离感，长久的盯视破坏距离感，成了非礼和冒犯，所以不适于表达正面的情感。唯一的例外是热恋中的情人，暂时没有也不需要距离感了，才可以无休止地眉目传情。

一个男人和一个女人站在教堂里，把手放在《圣经》上宣誓，彼此确认对方是妻子和丈夫，这是一个神圣的仪式。一个孩子把一个男人和一个女人唤作爸爸和妈妈，这呼唤出的第一声，没有也不可能举行任何仪式。但是，在我看来，其神圣性丝毫不亚于教堂里的婚礼。

一个男人使一个女人受孕，似乎是一个偶然的事件。可是，仔细想想，这个孕育出来的小生命，是多么漫长而复杂的因果关系的一个产物，它的基因中交织着多少不可思议的巧遇，包含了多少神秘的因缘。泰戈尔写道:"我的主,你的世纪,一个接着一个,来完成一朵小小的野花。"一个小人儿就更是如此了。也许有人会说,这不过是上帝在掷骰子罢了。不错,但是每掷一次骰子,都是排除了其余无数可能性而只确认了一种可能性,亘古岁月中一次次的排除和确认,岂不使得这最终的确认更具有了一种命定的性质?在大自然的生命谱系档案中,这一对父母与这一个孩子的缘分似乎早已注册了,时候一到,这一页就会翻开。

让我换一种方式来说。一个新生命的孕育和诞生,是一个灵魂的投胎。在基督教的天国里,或者在佛教的六道中,有无数的灵魂在飞翔或轮回,偏偏这一个灵魂来投胎了。这一个灵魂原可以借无数对男女的生育行为投胎,偏偏选中了你们这一对。父母和孩子的联系,在生物的意义上是血缘,在宗教的意义上是灵魂的约会。在超越时空的那个世界里,这一个男人、这一个女人、这一个孩子原本都是灵魂,无所谓夫妻和亲子,却仿佛一直在相互寻找,相约了来到这个时空的世界,在一个短暂的时间里组成了一个亲密的家,然后又将必不可免地彼此失散。每念及此,我心中充满敬畏、感动和忧伤,倍感亲情的珍贵。

(摘自《宝贝,宝贝》第一卷)

最妙不可言的体验

性本能分两个层次。浅层次是快乐本能，即男欢女爱。直到孩子出生，一直潜伏着的深层次才显现出来，那便是种属本能，它以势不可当的力量觉醒了，使我们感受到巨大的幸福。这是大自然的狡计，让你男欢女爱，让你贪图快乐，结果弄出来了一个孩子，接着就让你辛苦，还让你感到这辛苦是更大的快乐。不过，就算是中了大自然的狡计，那快乐却是实实在在的，是生命根底里的快乐，而做一回大自然的工具也不算什么耻辱。从生命的角度看，世上有什么事业比种属延续更伟大？为人父母让我们体会到，生命既是巨大的喜悦，也是伟大的事业。

养育小生命或许是世上最妙不可言的一种体验。小的就是好的，小生命的一颦一笑那么可爱，交流和成长的每一个新征兆都叫人那样惊喜不已。这种体验是不能从任何别的地方获得，也不能用任何别的体验来代替的。一个人无论见过多大世面，从事多大事业，在初当父母的日子里，都不能不感到自己面前突然打开了一个全新的世界。小生命丰富了大心胸。生命是一个奇迹，可是，倘若不是养育过小生命，对此怎能有真切的领悟呢？

我以前认为，人一旦做了父母就意味着老了，不再是孩子了。现在我才知道，人唯有自己做了父母，才能最大限度地回到孩子的世界。

为人父母提供了一个机会，使我们有可能更新对于世界的感觉。用你的孩子的目光看世界，你会发现一个全新的世界。

一位悲观的女子问我：这个世界如此不安全，把孩子生到这个世界上来，是否太冒险了，甚至太不负责任了？

我的回答是：生孩子的确是冒险，但值得。事实上，无论世态如何，一个生命在生长过程中总是充满不测的，包括各种可能的天灾和人祸。但是，这不能成为剥夺孩子出生的权利的理由，我们自己也不应该因此放弃亲子之情的欢乐。如果以确保安全为前提，没有一个生命有权出生，我们自己也不例外。

我问她：你是否宁愿你的父母没有生你，你压根儿不曾在这个世界上生活过呢？她陷入了沉思。但愿她的答案是否定的。否则，她的确悲观到了极点，也许我就只好告诉她：你不该生孩子。不，我要告诉她：快生孩子吧，孩子会治好你的悲观。

亲子之爱的性质

在一切人间之爱中，父爱和母爱也许是最特别的一种，它极其本能，却又近乎神圣。爱比克泰德说得好："孩子一旦生出来，要想不爱他已经为时过晚。"正是在这种似乎被迫的主动之中，我们如同得到神启一样领悟了爱的奉献和牺牲之本质。

然而，随着孩子长大，本能便向经验转化，神圣也便向世俗转化。于是，教育、代沟、遗产等各种社会性质的问题产生了。

有人说性关系是人类最自然的关系，恐怕未必。须知性关系是两个成年人之间的关系，因而不可能不把他们的社会性带入这种关系中。相反，当一个成年人面对自己的幼崽时，他便不能不回归自然状态，因为一切社会性的附属物在这个幼小的对象身上都成了不起作用的东西，只好搁置起来。随着孩子长大，亲子之间社会关系的比重就愈来愈增加了。

父母对儿女的爱很像诗人对作品的爱：他们如同创作一样在儿女身上倾注心血，结果儿女如同作品一样体现了他们的存在价值。

但是，让我们记住，这只是一个譬喻，儿女不完全是我们的作品。即使是作品，一旦发表，也会获得独立于作者的生命，不是作者可以支配的。昧于此，就会可悲地把对儿女的爱变成惹儿女讨厌的专制了。

对孩子的爱是一种自私的无私，一种不为公的舍己。这种骨肉之情若陷于盲目，真可以使你为孩子牺牲一切，包括你自己，包括天下。

我说亲子之爱是无私的，这个论点肯定会遭到强有力的反驳。

可不是吗，自古以来酝酿过多少阴谋，爆发了多少战争，其原因就是给自己的血亲之子争夺王位。

可不是吗，有了遗产继承人，多少人的敛财贪欲恶性膨胀，他们不但要此生此世不愁吃穿，而且要世世代代永享富贵。

这么说，亲子之爱反倒是天下最自私的一种爱了。

但是，我断然否认那个揪着正在和小伙伴们玩耍的儿子的耳朵，把他强按在国王宝座上的母亲是爱她的儿子。我断然否认那个夺走女儿手中的破布娃娃，硬塞给她一枚金币的父亲是爱他的女儿。不，他们爱的是王位和金币，是自己，而不是那幼小纯洁的生命。

如果王位的继承迫在眉睫，刻不容缓，而这位母亲却挡住前来拥戴小王子即位的官宦们说："我的孩子玩得正高兴，别打扰他，随便让谁当国王好了！"如果一笔大买卖机不可失，时不再来，而这位父亲却对自己说："我必须帮我的女儿找到她心爱的破布娃娃，她正哭呢，那笔买卖倒是可做可不做。"——那么，我这才承认我看到了一位真正懂得爱孩子的母亲或父亲。

亲子之爱是爱的课堂

我们从小就开始学习爱，可是我们最擅长的始终是被爱。直到我们自己做了父母，我们才真正学会了爱。

在做父母之前，我们不是首先做过情人吗？

不错，但我敢说，一切深笃的爱情必定包含着父爱和母爱的成分。一个男人深爱一个女人，一个女人深爱一个男人，潜在的父性和母性就会发挥作用，不由自主地要把情人当作孩子一样疼爱和保护。

然而，情人之爱毕竟不是父爱和母爱。所以，一切情人又都太在乎被爱。

当我们做了父母，回首往事，我们便会觉得，以往爱情中最动人的东西仿佛是父爱和母爱的一种预演。与正剧相比，预演未免相形见绌。不过，成熟的男女一定会让彼此都分享到这新的收获。谁真正学会了爱，谁就不会只限于爱子女。

爱能滋生爱。一个在爱的呵护下成长的孩子，她（他）的心是温暖的、充满阳光的，也会开放爱的花朵。亲子之爱是孩子所受的最早的爱的教育，孩子一定会以爱回应爱，并且由爱父母而学会了爱一切善待他的人。

我不喜欢儒家的"孝"的观念，它虽是从"仁"引申出来，本应包含爱的含义，但是，由于只强调子女对父母的单向服从，那一点儿脆弱的爱的内核就被沉重的宗法枷锁窒息了。我信任由父母的爱引发的孩子对父母的爱，这种爱会是孩子今后一切人间之爱的生长点。可以断定的是，一个人如果在童年时代缺乏被爱和爱，日后在其他各种爱的形态上就很容易产生障碍。

亲子之爱是爱的课堂，不但对孩子是如此，对父母也是如此。

黑格尔说："通过对孩子的爱，母亲爱她的丈夫，父亲爱他的妻子，双方都在孩子身上使各自的爱得以客观化。"泰戈尔也说："我的孩子，让他们爱你，因此他们能够相爱。"

孩子不只是夫妻的肉体之爱的产物，更是彼此的心灵之爱的载体，通过爱孩子，这种爱才不是飘在空中，而是落到了地上，获得了稳固的基础。请注意，这两位贤哲都认为，对孩子的爱是实现男女之间超越于肉体的爱的前提和必由之路。我对此也深信不疑，一个重要的理由是，正是通过爱孩子，我们才领悟了爱的无私之本质，从而真正学会了爱。

爱情是寻找灵魂的亲人。婚姻是结为肉体的亲人。在性行为中，双方的身体达到了亲昵的极限。但是，一对男女通过做爱永远不能成为血缘意义上的亲人，唯有通过生育，才能开创出一个新的血缘关系。在孩子身上，双亲的血流在一起，两支本无联系的血脉联结成亲缘，从此生生不息，延续久远。正是凭借孩子，夫妻之爱在血缘意义上也成了亲情。

人们常说，孩子是婚姻的纽带。这句话是对的，但不应做消极的理解，似乎为了孩子只好维持婚姻。孩子对于婚姻的意义是非常积极的，是在实质上加固了婚姻的爱情基础。

有些年轻人选择做丁克族的理由是，孩子是第三者，会破坏二人世界的亲密。表面上看似乎如此，各人都为孩子付出了爱，给对方的爱好像就减少了。但是，爱所遵循的法则不是加减法，而是乘法。各人给孩子的爱不是从给对方的爱中扣除出来的，而是孩子激发出来的。爱的新源泉打开了，爱的总量增加了，爱的品质提高了，而这一点必定会在夫妇之爱中体现出来。把对方给孩子的爱视为自己的亏损，这是我最无法理解的一种奇怪心理。事实上，双方都特别爱孩子，夫妻感情一定是加深了而不是减弱了。

第二辑

父母的责任

为人父母意味着人生向你提出了一个全新的使命，

为了配得上这个使命，

你必须提高自己。

父母怎样爱孩子

任何一个孩子都绝不会因为被爱得太多而变坏。相反，得到的爱越多，就一定会变得越好。当然，我说的"爱"似乎需要做界定，比如要有长远的眼光和正确的方法之类。但是，不管怎么界定，基本的内涵不容怀疑，就是一种倾注全部感情的关心、爱护、鼓励、欣赏、理解和尊重。只要是这样，就怎么爱也不过分，怎么爱也不会把孩子宠坏。

没有孩子的时候，生活多么艰苦，都可以忍。有了孩子就不一样了，做父母的总想为孩子争取好一些的生活条件。一个人无论怎么清高，在这一点上都不能免俗，我认为也是最可理解的。

做父母的很少有不爱孩子的，但是怎样才是真爱孩子，却大可商榷。现在的普遍方式是，物质上无微不至，功课上步步紧逼，精神上麻木不仁。在我看来，这样做不但不是爱孩子，而且是在害孩子。

真爱孩子的人，一定会努力让孩子有一个幸福的童年，以此为孩子一生的幸福奠定基础。具体怎么做，我说一说我的经验供参考。要点有三。其一，舍得花时间和孩子游戏、闲谈、共度欢乐时光，让孩子经常享受到活生生的亲情；其二，尽力抵制应试教育体制的危害，保护孩子天性和智力的健康生长；其三，注意培育孩子的人生智慧和独立精神，不是给孩子准备好一个现成的未来，而是使孩子将来既能自己去争取幸福，又能承受人生必有的苦难。

　　我肯定不是什么教子专家，只不过是一个爱孩子的父亲而已。既然爱，就要做到两点，一是让孩子现在快乐，二是让孩子未来幸福。在今天，做到这两点的关键是抵御现行教育体制的弊端，给孩子提供一个得以尽可能健康生长的小环境。

　　我对孩子的期望——
　　第一个愿望：平安。如果想到包围着她的环境中充满不测，这个愿望几乎算得上奢侈了。
　　第二个愿望：身心健康地成长。
　　至于她将来做什么，有无成就，我不想操心也不必操心，一切顺其自然。

　　许多父母盼望孩子快快长大，我相反，多么愿意孩子的童年时光留得久一些，再久一些。我留恋这样的一种天然的可爱，这样的一种纯粹的亲情，这样的一种简单的幸福。在时间的汹涌波涛上，我留恋一滴晶莹的水珠。

然而，一切皆逝，无物长存，我应该和能够做到的是，在另一种形式中守护这些珍贵的价值。我不是指写作，写作是容易的，难的是生活本身。我愿孩子在因阅历和教养而成熟以后依然天真。我愿我们的亲情历尽岁月的磨难始终纯粹。我愿人生的幸福不受世俗的腐蚀永远简单。

做家长的最高境界是成为孩子的知心朋友。在这一点上，中国的家长相当可怜，一面是孩子的"主子""上司"，另一面是孩子的"奴仆""下属"，始终找不到和孩子平等相处的位置。

被自己的孩子视为亲密的朋友，这是为人父母者所能获得的最大的成功。不过，为人父母者所能遭到的最大的失败却并非被自己的孩子视为对手和敌人，而是被视为上司或者奴仆。

孩子是一个独立的灵魂

我很早就发现，啾啾虽然很乖，很爱爸爸妈妈，但决不盲从。对于我们的言行，她若不以为然，就一定会表明自己的态度。我非常欣赏她的这种表现，总是给予鼓励。要让孩子将来成为一个有主见的人，必须现在就鼓励他不盲从父母。其实，孩子都是乐于说出自己的真实感觉和想法的，而只要真实，就总有一定的道理。可是，如果大人不予尊重，孩子就会逐渐失去思考和表达的兴趣，也失去自信心，从而成为一个没有主见的人。

看到一个小人儿对事物发表与你不同的见解，与你顶嘴和争论，真使人感到神奇。这个时候，我会想起纪伯伦的话："他们是借你们而来，却不是从你们而来，他们虽和你们一同生活，却不属于你们。你们可以给他们以爱，却不可给他们以思想，因为他们有自己的思想。你们可以庇护他们的身体，却不可庇护他们的灵魂，因为他们的灵魂居于明日之屋宇，那是你们在梦中也不能想见的。"是啊，站在我面前的这个发表独立见解的小人儿是我的女儿，但更是一个灵魂，一个和我完全不同的灵魂。如果说她看事物有自己的眼光，那是因为她的灵魂正在觉醒，是她的灵魂通过她的眼睛在看。

　　和孩子相处，最重要的原则是尊重孩子。从根本上说，这就是要把孩子看作一个灵魂，一个有自己独立人格的个体。而且，在孩子很幼小时就应该这样，我们无法划出一个界限，说一个人的人格是从几岁开始形成的，实际上这个过程伴随着心智的觉醒早就开始了。爱孩子是一种本能，尊重孩子则是一种教养，而如果没有教养，爱就会失去风格，仅仅停留在动物性的水准上。

　　在我们家里，啾啾是可以自由地和大人顶嘴的，事实上她也经常反驳我们，反驳得好，一定会得到夸奖。她头脑清楚，占理的时候居多。有时候，我会故意说错话，给她制造反驳的机会。鼓励孩子发表不同看法，既能培养其独立人格，又能锻炼其思维能力，是一举两得的事。

（摘自《宝贝，宝贝》第四卷）

做父母的最高境界

我始终认为，做孩子的朋友，孩子也肯把自己当作朋友，乃是做父母的最高境界。

在婴儿期，父母和孩子的关系如同成年兽和幼兽，生物性因素占据着优势。随着孩子逐渐长大，社会性因素必然逐渐扩大，并且终将占据优势。于是，亲子之间的自然人的关系变成了社会人的关系，孩子越来越成为社会的一员，不管亲子双方是否愿意，都必须脱离父母的庇护，独立地走自己的人生之路了。但是，这只是一个方面。另一方面，随着孩子逐渐长大，亲子关系中的精神性因素也应该逐渐扩大，占据主导地位。然而，社会性因素的主宰是由客观的社会力量强迫实现的。与此相反，倘若没有父母的自觉，亲子关系就永远不可能具备精神性品格，会始终停留在动物性溺爱的水平上。判断是否具备精神性品格，一个恰当的标志是看父母和孩子之间是否逐渐形成了一种朋友式的关系。

朋友式的关系有两个显著特征，一是独立，二是平等。

独立，就是把孩子视为一个灵魂，一个正在成形的独立的人格，不但爱他、疼他，而且给予信任和尊重。当然，父母自己也是独立的灵魂，而正是通过来自父母的尊重，孩子会鲜明地意识到这一点，从而也学会尊重父母。我要强调灵魂的概念，有些父母是没有这个概念的，从不把自己视为一个灵魂，因而也不可能把孩子视为一个灵魂。这样的父母往往把孩子视为一个宠物，甚至视为一个实施自己的庸俗抱负的工具，其结果恰恰是扼杀了孩子的独立人格，使孩子成为灵魂萎缩的不完整的人。

既然都是独立的灵魂，彼此的关系就应该是平等的。平等尤其体现在两个方面。一方面，亲子之间要有商量的氛围。凡属孩子自己的事情，既不越俎代庖，也不横加干涉，而是怀着爱心加以关注，以平等的态度进行商量。当孩子具备一定的理解力之时，家庭的事务，父母自己的事情，也不妨根据情况适当地征求孩子的意见，使其有参与感和被信任感。另一方面，亲子之间要有交流的氛围，经常聊天和谈心，就共同感兴趣的问题展开讨论，在自愿的前提下，分担孩子的忧愁，共享双方的喜乐，沟通彼此的心灵。

我清醒地意识到，做孩子的朋友不易，让孩子也肯把自己当朋友更难。多少孩子有了心事，首先要瞒的人是父母；有了知心话，最不想说的人也是父母。

啾啾现在还小，随着她长大，进入青春期，上中学、大学，她是否一直肯把我当作好朋友，我没有把握，但我一定努力。至少在我这一方面，我会坚持把她当朋友那样对待，始终尊重她的独立人格，比如说，我绝不会偷看她的日记，绝不会干涉她和男孩子的交往，等等。

我相信，即使最后我不能入她的法眼，她也一定会满意地说："我有一个最开明的老爸。"

（摘自《宝贝，宝贝》第五卷）

父母怎样对孩子负责

一、父母怎样对孩子的将来负责

做父母的当然要对孩子的将来负责，但只能负起作为凡人的责任，其中最重要的，就是悉心培养其正确的人生观和乐观坚毅的性格，使他具备依靠自己争取幸福和承受苦难的能力，不管将来的命运如何，都能以适当的态度面对。至于孩子将来的命运究竟如何，可能遭遇什么，做父母的既然无法把握，就只好不去管它，因为那是上帝的权能。

一个孩子如果他现在的状态对头，就没有必要为他的将来瞎操心了。如果不对头，操心也没用。而且，往往正是由于为他的将来操心得太多、太细、太具体，以至于他现在的状态不对头了。

二、糊涂的雄心

现在做父母的似乎都有一个雄心，要亲手安排好孩子的整个未来，从入学、升学到工作、出国，从买房、买车到结婚、生子，皆未雨绸缪，为之预筹资金，乃至亲自上阵拼搏，觉得这样才是尽了责任。我想提醒你们的是：孩子的未来岂是你们决定得了的？他的未来，一半掌握在上帝手里，即他的外在遭遇；另一半掌握在他自己手里，即他应对外在遭遇的心态和能力。对于前一半，你们完全无能为力，只能为他祈祷。对于后一半，你们倒是可以起很大作用的，就是给他以正确的教育，使他在心智上真正优秀，从而既能自己去争取幸福，又能承受人生必有的苦难。倘若你们不在这方面下功夫，结果培养出了一个心智上的弱者，则我可断定，有朝一日你们必定会发现，你们现在为他的苦心经营全都是白费力气。

三、做好监护人即可安心

做父母的要明白，无论多么心肝宝贝，孩子也只是暂时寄养在你们这里的，你们只能做孩子的暂时监护人。我不只是指孩子迟早会长大，独立地走自己的人生之路，送行的一天必将到来，你们再舍不得也不可能与之同行。我的意思比这深刻得多。父母所生的只是孩子的身体，而非灵魂，我相信灵魂必定另有来源，而这来源决定了它在人世间的走向。由此可以解释，不管父母多么精心地设计和运作，孩子的未来并不听从你们的安排，往往还使你们大吃一惊。所以，父母的职责是做好监护人，给孩子身心成长一个好的环境，做到了这一点即可安心。至于孩子将来终于走了一条怎样的路，那不是你们能支配的，荣耀不是你们的功劳，黯淡不是你们的过错。

四、渐行渐远

女儿上高中，住校了，家里冷清了不少。想起我也是高中住校，大学异地，与父母渐行渐远，越来越自己走人生之路了。那么，现在让我接受同样的事实吧。孩子只是暂时寄养在父母这里的，送行的一天必将到来，你会惦念，但不能同行。孩子必将自己走人生之路，你可祝福，但无法支配。

父母必须提高自己

做父母做得怎样，最能表明一个人的人格、素质和教养。

因此，为人父母意味着人生向你提出了一个全新的使命，为了配得上这个使命，你必须提高自己。

从一个人教育孩子的方式，最能看出这个人自己的人生态度。那种逼迫孩子参加各种竞争的家长，自己在生活中往往也急功近利。相反，一个淡泊于名利的人，必定也愿意孩子顺应天性愉快地成长。

我由此获得了一个依据，去分析貌似违背这个规律的现象。譬如说，我基本可以断定，一个自己无为却逼迫孩子大有作为的人，他的无为其实是无能和不得志；一个自己拼命奋斗却让孩子自由生长的人，他的拼命多少是出于无奈。这两种人都想在孩子身上实现自己的未遂愿望，但愿望的性质恰好相反。

家庭环境对孩子成长有巨大影响，在我看来，最重要影响有二。

其一，如果父母相爱，家庭和睦，孩子在爱和快乐的氛围里度过童年，他的人生就有温暖明亮的底色，可保心理健康，情商良好。其二，如果父母自身素质比较高，给孩子以心智上的熏陶，同时有一个相对自由宽松的童年，可保人格健康，心智发育良好。

家庭教育是人的一生教育的起点和基础，具有学校教育不可替代的重要性。在这个意义上，我也认为好父母胜过好老师。不过，什么是好父母，人们的观念截然不同。我自认为是一个好父亲，理由仅仅在于，当女儿幼小时，我是她的一个好玩伴，随着她逐渐长大，我在争取成为她的一个好朋友。至于在我们之间，谁是老师，谁是学生，还真分不清楚，我只能说，我从她那儿学到的，绝不比她从我这儿学到的少。

做人和教人在根本上是一致的。我在人生中最看重的东西，也就是我在教育上最想让孩子得到的东西。进一个名牌学校，谋一个赚钱职业，这种东西怎么有资格成为人生的目标，所以也不能成为教育的目标。我的期望比这高得多，就是愿孩子成为一个善良、丰富、高贵的人。

对于孩子的未来，我从不做具体的规划，只做抽象的定向，就是要让他成为一个身心健康、心智优秀的人。给孩子规定或者哪怕只是暗示将来具体的职业路径，是一种僭越和误导。我只关心一件事，就是让孩子有一个幸福的童年，能够快乐、健康、自由地生长。只要做到了这一点，他将来做什么，到时候他自己会做出最好的决定，比我们现在能做的好一百倍。

问：你是学者，有时间和孩子在一起，也有教育的方法。一般人怎么办？

答：从根本上看，对孩子的教育取决于父母的价值观，而不是职业和文化水平。同时，要教育孩子，父母自己的确也需要提高。你花时间为孩子赚钱，为什么不能花时间为孩子提高自己呢？

记录成长

　　成长是人生最重要而奇妙的经历之一，我们在一生中有两次机会来体验这个经历：一次是为人子女，在父母抚育下长大；另一次是为人父母，抚育孩子长大。然而，我们所经历过的事情，未必就是我们所了解的。事实上，在这两种情形下，我们的处境都带有某种不可避免的盲目性。因此，孩子怎样长大——这始终是一个需要我们特别关注的题目。

　　在这方面，有一个做法值得提倡，就是从孩子出生那天起，就坚持不懈地为孩子写日记，记录孩子的成长过程。在我看来，凡是有文化的父母都应该这样做，这是他们能够为孩子也为自己做的一件极有价值的事情。

　　当一个人处在成长之中时，他必然是当局者迷，无法从旁来观察自己的成长过程。一颗种子只是凭着生命的本能发芽和生长罢了。生命在其早期阶段有多少令人惊喜的可爱的表现，可是对于这生命的主人来说，它们往往连记忆也留不下，成了一笔在岁月中永远遗失的财富。我们在孩提时代是如此，现在我们的孩子也是如此。如果你是一个珍惜自己的生命经历的人，你一定会为这种缺失而遗憾。那么，既然现在做了父母，你为什么不为你的孩子来做这一件可以减轻其遗憾的事情呢？我相信，在孩子长大后，做父母的能够送给孩子的最好礼物就是一本记录其童年趣事和成长细节的日记。

当然，在做了父母以后，我们也未必是旁观者清。孩子的成长并非一个发生在父母的生活之外的事件，它始终是与父母自己的生活交织在一起的。孩子长大的过程，同时也是父母抚养和教育孩子的过程，我们身在这同一个过程中，并不是超脱和清醒的旁观者。一个人即使是专门的教育家，一旦自己为人父母，抚育孩子长大仍然是一种全新的经验，必须在实践中摸索。正因为如此，记录孩子的成长对于我们自己也有了必要。当我们这样做的时候，我们同时也是在对自己抚育孩子的经验进行反省和思考，被记录下来的不仅是我们观察到的孩子学习做人的过程，也是我们自己学习做父母的过程。因此，这一份将来送给孩子的珍贵礼物同时也是我们自己生命中一段重要历程的宝贵留念。

我承认，持之以恒地做这件事是相当困难的，因为我们不只是做父母，除了抚育孩子之外，我们还有许多别的事情要做，不得不为了生存或事业而奋斗。在日常的忙碌中，我们很容易变成粗心的甚至麻木的父母。不过，在我看来，这恰好是我们应该坚持做这件事的又一个理由，它也许是防止我们变成这样的父母的一个有效方法。一旦养成了习惯，记录的必要会促使我们的感觉更敏锐、观察更细致，通过记录成长，我们也就在更好地欣赏和研究成长。

2001年11月

父母们的眼神

　　街道上站着许多人，一律沉默，面孔和视线朝着同一个方向，仿佛有所期待。我也朝那个方向看去，发现那是一所小学的校门。那么，这些肃立的人是孩子们的家长了，临近放学的时刻，他们在等待自己的孩子从那个校门口出现，以便亲自领回家。

　　游泳池的栅栏外也站着许多人，他们透过栅栏朝里面凝望。游泳池里，一群孩子正在教练的指导下学游泳。不时可以听见某个家长从栅栏外朝着自己的孩子呼叫，给予一句鼓励或者一句警告。游泳课持续了一个小时，其间每个家长的视线始终执着地从众儿童中辨别着自己的孩子的身影。

　　我不忍心看中国父母们的眼神，那里面饱含着关切和担忧，但缺少信任和智慧，是一种既复杂又空洞的眼神。这样的眼神仿佛恨不能长出两把铁钳，把孩子牢牢夹住。我不禁想，中国的孩子要成长为独立的人格，必须克服多么大的阻力啊。

　　父母的眼神对于孩子的成长有着不可低估的影响。打个不太确切的比方，即使是小动物，生长在昏暗的灯光下抑或在明朗的阳光下，也会造就截然不同的品性。对于孩子来说，父母的眼神正是最经常笼罩他们的一种光线，他们往往是借之感受世界的明暗和自己生命的强弱的。看到欧美儿童身上的那一股小大人气概，每每忍俊不禁，觉得非常可爱。相比之下，中国的孩子便仿佛总也长不大，不论大小事都依赖父母，不肯自己动脑动手，不敢自己做主。当然，并非中国孩子的天性如此，这完全是后天教育的结果。我在欧洲时看到，那里的许多父母在爱孩子上绝不逊于我们，但他们同时又都极重视培养孩子的独立生活能力，简直视为子女教育的第一义。在他们看来，真爱孩子就应当从长计议，使孩子离得开父母，离了父母仍有能力生活得好，这乃是常识。遗憾的是，对于中国的不少父母来说，这个不言而喻的道理尚有待启蒙。

我知道也许不该苛责中国的父母们，他们的眼神之所以常含不安，很大程度上是因为看到了在我们的周围环境中有一些不安全的因素，诸如交通秩序、公共设施质量、针对儿童的犯罪等，皆可能使孩子的幼小生命面临威胁。给孩子们提供一个相对安全的生存环境，这的确已是全社会的一项刻不容缓的责任。但是，换一个角度看，正因为上述现象的存在，有眼光的父母在对自己孩子的安全保持必要的谨慎之同时，就更应该特别注意培养他们的独立精神和刚毅性格，使他们将来有能力面对严峻环境的挑战。

1999年2月

第三辑

我这样做父亲

在孩子的教育上，

我是很放得开的，

不跟着应试体制走，

给孩子充分的爱和自由。

我只是一个普通的父亲
——《宝贝，宝贝》序

宝贝，宝贝，在写这本书的时候，这个词一直重叠着在我的心中回响，如同一个最温柔也最深沉的旋律。

宝贝，宝贝。

女儿是我的宝贝。小生命来到世上，天下的父母哪个不心醉神迷，谛视着婴儿花朵一样的脸蛋儿，满腔的骨肉之爱无以表达，一声声唤宝贝，千言万语尽在其中。

和女儿一起度过的时光，是我的生命中的宝贝。养育小生命是人生最宝贵的经历之一，其中有多少惊喜和欢笑，多少感悟和思考，给我的心灵仓库增添了多少无价的珍宝。

宝贝，宝贝，我的女儿，我的生命中的时光。

我也许命中该做父亲，比做别的什么都心甘情愿，绝对不会厌烦。我想不出，在人生中，还有什么事比养儿育女更有吸引力，更能使人身不由己地沉醉其中。

我的妻子常说，没见过像我这么痴情的爸爸。周围的朋友，看见我这么陶醉地当爸爸，有的称赞我是伟大的父亲，有的惋惜我丧失了革命的斗志。我心里明白，伟大根本扯不上，我是受本能支配，恰恰证明我平凡。至于丧失了斗志，我不在乎，倘若一种斗志会被生命自身的力量瓦解，恰恰证明它没有多大价值。

性是大自然最奇妙的发明之一，在没有做父母的时候，我们并不知道大自然的深意，以为它只是男女之欢。其实，快乐本能是浅层次的，背后潜藏着深层次的种属本能。有了孩子，这个本能以巨大的威力突然苏醒了，一下子把我们变成了忘我舐犊的傻爸傻妈。

爱孩子是本能，但不止于本能。无论第几次做父亲，新生命的到来永远使我感到神秘。一个新生命的形成，大自然不知运作了多少个世纪，其中不知交织了多少离奇的故事。

我的女儿，你原本完全可能不来找我，却偏偏来了，选中我做你的父亲，这是何等的信任。如果有轮回，天下人家如恒河之沙，你这一个灵魂偏偏投胎到了我的家里，这是何等的因缘。如果有上帝，上帝赐给了我生命，竟还把照看你的生命的荣耀也赐给了我，这是何等的恩宠。面对你，我庆幸，我喜乐，我感恩。

我有写日记的习惯。女儿出生后，她成了我的日记里的主角。这很自然，因为她也成了我的生活里的主角。我情不自禁地记下她的一点一滴表现，如同一个藏宝迷搜集一颗又一颗珠宝，简直到了贪婪的地步。尤其从她咿呀学语开始，我记录得格外辛勤，语言能力的每一点进步，逐渐增多的有趣表达，她的奇思妙想和惊人之言，只要听到，我就赶紧记下来，生怕流失。事实上，如果不记下来，绝大部分必定流失。

这当然是需要一点儿毅力的，因为养育孩子既是最快乐的，也是最劳累的，这种劳累往往使人麻木和怠惰，失去了记录的雅兴和余力。不过，我是欲罢不能。我清楚地意识到，孩子年幼的这一段时光，生命初期的奇妙景象，对于我是一笔多么宝贵的财富，而这段时光是那样稍纵即逝，这笔财富是那样容易丢失。上天赐给了我这么好的运气，我绝不可辜负。此时此刻，这就是我的事业和使命，其余一切必须让路。

物质的财宝，丢失了可以挣回，挣不回也没有什么，它们是这样毫无个性，和你本来就没有必然的关系，只不过是换了一个地方存放罢了。可是，你的生命中的珍宝是仅仅属于你的，它们只能存放在你的心灵中和记忆中，如果这里没有，别的任何地方也不会有，你一旦把它们丢失，就永远找不回来了。

当我现在重读和整理这些记录时，我发现，在女儿两至五岁的四年里，记的精彩段子最多，以后就大为减少了。我认为，这并不意味着她后来退步了，而是显示了一种规律性的现象。两至五岁正是幼儿期，心智的各个要素，包括感觉、认知、语言、想象，如同刚破土的嫩苗，开始蓬勃生长。一方面，这些要素尚未分化，浑然一体，相得益彰；另一方面，又尚未被成人世界的概念思维和功利计算所同化，清新如初。人们对于幼儿绘画赞美有加，其实，幼儿语言毫不逊色，同样富于独创性。这是原生态的精神现象，奇妙无比，在生命的以后阶段绝不可能重现。打一个未必恰当的比方，犹如中国的先秦文化和欧洲的古希腊文化不可能重现一样。长大以后，在较好的情形下，心智的某一要素得到良好发展，成为某一领域的能者。在最好的情形下，心智保持纯真的品质和得到全面的发展，那就是天才了。

如果说，生命早期的精彩纷呈对于做父母的是宝贵财富，那么，对于孩子自己就更是如此了。但是，孩子身在其中，浑然无知，尚不懂得欣赏和收藏它们，而到了懂得的年纪，它们早已散失在时光中了。为孩子保住这一份财富，这只能是父母的责任。在为女儿做记录时，我经常想，她长大后，有一天，我把这一份记录交到她的手上，她会多么欣喜啊。这是真正的无价之宝，天下父母能够给孩子的礼物，不可能有比这更贵重的了。

现在有一些父亲或母亲以自己的孩子为题材写书，写的是他们很特别的育儿经历。他们有宏大的目标和周密的计划，从零岁开始，一步一步，把自己的孩子培育成天才，终于送进了哈佛或牛津。在我的这本书里，没有一丁点儿这样的东西。事实上，我也不是这种目光远大、心思缜密的家长，而只是一个普通的父亲罢了。对于我的女儿，我只希望她健康、快乐地生长，丝毫不想在她身上施展我的宏图。

从一个人教育孩子的方式，最能看出这个人自己的人生态度。那种逼迫孩子参加各种竞争的家长，自己在生活中往往也急功近利。相反，一个淡泊于名利的人，必定也愿意孩子顺应天性愉快地成长。我由此获得了一个依据，去分析貌似违背这个规律的现象。譬如说，我基本可以断定，一个自己无为却逼迫孩子大有作为的人，他的无为其实是无能和不得志；一个自己拼命奋斗却让孩子自由生长的人，他的拼命多少是出于无奈。这两种人都想在孩子身上实现自己的未遂愿望，但愿望的性质恰好相反。

家庭教育是人的一生教育的起点和基础，具有学校教育不可替代的重要性。在这个意义上，我也认为好父母胜过好老师。不过，什么是好父母，人们的观念截然不同。我自认为是一个好父亲，理由仅仅在于，当女儿幼小时，我是她的一个好玩伴，随着她逐渐长大，我在争取成为她的一个好朋友。我一向认为，做孩子的朋友，孩子也肯把自己当作朋友，乃是做父母的最高境界。至于在我们之间，谁是老师，谁是学生，还真分不清楚，我只能说，我从她那儿学到的，绝不比她从我这儿学到的少。

做人和教人在根本上是一致的。我在人生中最看重的东西，也就是我在教育上最想让孩子得到的东西。进一个名牌学校，谋一个赚钱职业，这种东西怎么有资格成为人生的目标，所以也不能成为教育的目标。我的期望比这高得多，就是愿她成为一个善良、丰富、高贵的人。

如此看来，这是一本很普通的书了。的确很普通，但凡做父母的，只要有足够的细心和耐心，会写字，谁都可以写这样的一本书。然而，它并不因此就没有了价值。相反，也许这正是它的价值之所在。

世上已经有太多的书，讲述各种伟大的真理、精彩的故事、成功的楷模，我无意加入其列。我只想叙述平凡的生活，叙述平凡生活中的一个珍贵的片断。人们大约不会认为这只是一本谈育儿的书吧。但愿在读了这本书以后，有更多的人相信，伟大、精彩、成功都不算什么，只有把平凡生活真正过好，人生才是圆满。

世代交替，生命繁衍，人类生活的基本内核原本就是平凡的。战争、政治、文化、财富、历险、浪漫，一切的不平凡，最后都要回归平凡，都要按照对人类平凡生活的功过确定其价值。即使在伟人的生平中，最能打动我们的也不是丰功伟绩，而是那些在平凡生活中显露了真实人性的时刻，这样的时刻恰恰是人人都拥有的。遗憾的是，在今天的世界上，人们惶惶然追求貌似不平凡的东西，懂得珍惜和品味平凡生活的人何其少。

所以，我的这本书未尝不是一个呼唤。

最后，我要对女儿说几句话。

宝贝，我要你记住，你是一个普通的女孩。我之所以写你，不是因为你多么特别，只是因为你是我的女儿。在写你的这本书出版以后，你也仍然是一个普通的女孩，不会因为这本书而变得特别。

当然，我也只是一个普通的父亲，与别的爱自己孩子的父亲没有什么两样。我写这本书，不是因为我是作家。我不是作家，也一定会写这本书，只因为我是你的爸爸。这是一个普通的父亲为他所爱的女儿写的一本书。

一个普通的父亲，爱他的一个普通的女儿，这是我写这本书的全部理由。

爱，这一个理由已经足够。

在这本书里，我只写了你从出生到刚上小学的事情。宝贝，你还记得吧，我们有一个约定，往后的事情，将来由你自己来写。爸爸的想法是，将来你不一定要写书，写不写书不重要，爸爸从来没有想把你培养成一个作家，只希望你成为一个珍惜自己生活经历的人。读了这本书，如果你不但为其中写的你幼小时候的事开心一笑，而且领略到了记录生活的魅力，养成写日记的习惯，我会非常高兴的。你将慢慢体会到，一个认真写日记的人，生活的时候是更用心、更敏锐、更有自己的眼光的，她从生活中获取得更多，更是生活的主人。

2009年11月

快乐学习，健康生长

——《宝贝，宝贝》少儿版致小读者

今年1月，我出了一本书，叫《宝贝，宝贝》。那本书有点儿厚，现在我把它大大地精简，为你们出这个少儿版。

这本书是为我的女儿写的，也是为每一个孩子写的。在书中，我写了女儿小时候许多好玩的事，写了一个小生命在生长中的美丽风景。每一个小生命的生长都是美丽的风景，你们小时候一定也有许多好玩的事。读这本书的时候，你们也许会想起自己点点滴滴的童年趣事，发出会心的一笑。

在书中，我还写了作为一个父亲，我在女儿的教育上是怎么做的。我的全部努力集中到一点，就是在现行教育体制下，给她一个宽松自由的小环境，让她快乐地学习，健康地生长。这也是我对你们的最大祝愿，我希望你们都能有一个宽松自由的小环境，从而快乐地学习，健康地生长。

所以，我的这本书实际上也是在和你们的爸爸妈妈交流。天下父母都是爱孩子的，真爱孩子，就不要逼迫孩子做应试教育的牺牲品了。用爱和智慧保护自己的孩子，正是今天为人父母者的第一职责。但愿你们的爸爸妈妈读了这本书，会赞同我的这个观点。

2010年5月

给孩子一个明亮的童年

——《宝贝，宝贝》新版小序

本书初版于2010年1月，迄今已十年有余。我在书中记叙了女儿的幼年和童年时光，这个小女孩现在已长成了一个青年。经常有读者关心地或好奇地询问，啾啾后来的经历如何，现在的状况又怎样，趁这个新版之机，我做一点简略的回应。

我只讲四件事。

一、初中毕业，她自己决定，不上普通高中，考入了北京市十一学校国际部。她对我说，从小学到初中，虽然成绩很好，但很累，不想继续在应试体制里做一个好学生了。

二、在十一学校读高中期间，她热爱上了戏剧。戏剧是她的选修课之一，她在这方面展现的才华让任课的外教赞不绝口。我们做父母的也感到耳目一新，想不到这个性格内向的乖乖女，在舞台上如此放得开，并且创建了戏剧社，出色地领导一个团队。她自己甚感欣慰的是，做成了一件爸爸从未做过的事，证明了自己独立的能力和价值。

用她自己的话说："我不再是他的附录，他则成了我继续谱写人生时一个有用的参考。"

三、申请美国的大学，她同时被哥伦比亚大学和纽约大学录取。哥大比纽大更有名，但她选择了纽大，进了纽大帝势艺术学院戏剧导演系。对于这个选择，她如是说："我觉得我的问题可以非常简便地转换为：学戏剧电影，应该去北大清华还是北影中戏。"

我笑说，如果进哥大，可能是当学者，爸爸是反面教材，当学者哪比得上当艺术家有意思。

四、她在纽大成绩优异，年年被列入"校长名单"，是全校级别的优秀学生。戏剧是综合艺术，她全面训练自己，绘画、摄影、音乐、诗歌皆有精彩表现。在戏剧的创作、导演、表演上，更是风生水起，先是作品入选现代舞剧圣地贾德森舞蹈剧场，后又担任帝势艺术学院主剧场全学期唯一由学生领导的大型戏剧的制作人，皆成功演出。在纽约的戏剧圈里，她成了一个小有名气的艺术家。

读者在本书中可以看到，在孩子的教育上，我是很放得开的，不跟着应试体制走，给孩子充分的爱和自由。我相信，每个孩子都是一个独特的灵魂，都有属于自己的路，父母的责任是提供适宜的生长环境，让孩子逐渐找到这条路。今天的父母都怕孩子输在起跑线上，可是在我看来，倘若按照社会的流行观念或自己的主观意愿，逼迫孩子走一条不合其秉性的路，这个做法本身就已经是让孩子输在起跑线上了。我只把注意力放在让孩子身心健康、人格健全，对孩子的未来则不做任何具体规划，以平常心对待，顺其自然。女儿的成长经历告诉我，这种宽松的方式至少在大方向上是对头的。

当然，啾啾将来能否以戏剧为职业，仍是说不定的。戏剧是小众艺术，在商业化的大环境中，干这一行可不容易。不过，她如此喜爱这门艺术，我就全力支持她。我送给她一句话："兴趣比职业伟大。"此话有两层意思。其一，一个人对某个领域有真实的兴趣，满怀热情，并且有毅力去克服各种困难，这是一个非常好的状态。但凡出现了这样的状态，就好好在其中享受吧，不要去问将来有没有前途之类的庸俗问题。其二，在兴趣的引导下认真做事情，这是能力增长的最有效途径，即使将来从事的是不同的事业，所增长的能力也一定会在将来的事业中发生作用。在任何一种职业生涯中，综合素质都比专业技能更为重要。

我自己重读本书，最感满意的是，啾啾的童年阳光明媚，我们没有给她染上一丝焦虑的阴影。啾啾后来能够快乐自信地走自己的路，明亮的童年想必是给了她力量的。我希望今天的父母们都戒除焦虑，给孩子一个明亮的童年，这才真正是父母的无上功德，必将惠及孩子的一生。

2021年6月

兴趣比职业伟大，素质为兴趣护航

——给女儿的信

啾啾：

从这个暑假说起吧。这是你上大学后的第一个暑假，在纽约州偏远的汉密尔顿学院苦修了一年，终于盼来一个长假，原以为你会多待在家里，或者国内到处玩玩，没想到你比以往任何时候都忙。假期的一多半时间里，你和一位同伴忙于做一台被你们称作"浸没式多媒体肢体剧"的戏剧。从招演员到租场地，从编导到排练，从宣传到售票，你忙得不亦乐乎，天天早出晚归，不见人影。看你这么充满热情，我当然支持，但不免悬着一颗心。实验戏剧是小众的玩意儿，你们又是初出茅庐，我担心现实会给你泼下一大盆冷水。四场演出，我看了首尾两场，放心了。非专业的演员，临时结集，皆情绪饱满，配合默契，用动作、表情、声调演绎生命的爱和困惑，水平高于我的预想。最让我惊讶的是，国内小剧场的实验戏剧基本赔钱，而你们居然小有盈利，可以让剧组二十几个年轻人吃一顿庆功的宴席。我心中由衷地呼喊：

孩子们，你们真可爱！

你是在上高中时喜欢上戏剧的。其实，你喜欢上戏剧，这本身就让我想不到。从中考开始，你给了我一连串想不到。初中毕业，你坚决地表示，不想继续在应试体制里做一个好学生了，于是报考了北京市十一学校国际部，确定了出国留学的去向。在十一学校，戏剧是你的选修课之一，而你很快成了学校剧团的骨干演员。我去看过你的演出，想不到平时拘谨的你在舞台上如此放得开。高中毕业前夕，没有麻烦父母，更没有依靠社会机构，你自己把申请美国大学的事搞定了。进大学后，在选课、参加社团等事情上，你也都是自己拿主意，戏剧仍是你选课的重点。这所学校亚裔学生极少，绝大多数是白人学生，你很好地适应了环境，在不同肤色的学生中广交朋友。我完全想不到，从小受宠爱的娇女儿能够如此独立自主，性格内向的小淑女能够如此开朗合群。

到目前为止，戏剧是你的最爱。那么，戏剧会成为你将来的职业吗？干这一行可不容易，你会如愿或者成功吗？事实上，你周围的亲友或多或少表示了这样的疑虑，我不妨说说我的看法。首先我要说，这样的疑虑毫无必要。一个人对一个领域有真实的兴趣，满怀热情，并且有毅力去克服各种困难，这是一个非常好的状态。但凡出现了这样的状态，就好好在其中享受吧，不要去问将来有没有前途之类的庸俗问题。兴趣比职业伟大，兴趣的价值不取决于它能否成为职业，没有成为职业丝毫无损于它的价值。如同杜威所说，兴趣是能力的可靠征兆。在兴趣的引导下认真做事情，相关的能力就得到了良好的生长。在一个人的成长过程中，具体的兴趣指向可能发生变化，但这个变化一般不会超出天赋所规定的范围。因此，即使你将来的事业不是戏剧，你通过戏剧得到生长的能力，例如对人性的理解、对社会的思考、想象力、鉴赏力等，也一定会在未来的事业中发生作用。我坚信，凡用心学来的东西，都不会白学的。

那么，正因为此，其次我要说，无论你多么喜爱戏剧，都不要怀着一种专业化的心态。大学本科是打基础的阶段，目标是素质的优秀。人文学科的各个门类是相通的，在"博"的基础上才有高质量的"专"。兴趣不妨集中，但不可单一。在求知的道路上，没有兴趣的人是在原地踏步，兴趣狭窄的人则往往走不远，二者都反映了素质上的缺陷。青年人充满好奇心，在大学阶段接触诸多新的知识领域，适当的兴趣广泛是自然的倾向。条条大路通罗马，要善于通过不同的兴趣点走向自己的目标。兴趣必须靠素质护航，唯有素质优秀，兴趣才能转化为实力，在未来不可预测的复杂因素中开辟出真正适合于自己的事业。我这么说，并无批评你的意思，只是一种提醒。事实上，你在大学第一年还选修了哲学、艺术史、摄影等课程。你是有哲学的悟性的，小时候提过许多哲学性质的精彩问题，我都写在《宝贝，宝贝》这本书里了。我无意让你继承父业，专习哲学，倘这样就太可笑了。我只是希望你发展这方面的禀赋，因为在文科任何领域包括戏剧上要有大的气象，哲学底蕴是不可缺少的。

这封信就写到这里，归结起来两句话：兴趣比职业伟大，素质为兴趣护航。

爸爸

2017年8月10日

爸爸是你的童年的守护人

——给儿子的信

亲爱的儿子:

我可爱的宝贝,快过年了,爸爸决定给你写一封信。上个月,你刚过了十二岁生日,这意味着你从童年进入了少年,现在给你写爸爸给儿子的第一封信,我觉得正是时候。

日子过得真快。十二年前,一个健康漂亮的小男孩来到世上,把我认作父亲,年过六十之后,我忽然儿女成双,当时的喜悦心情,依然在我心中回荡。十二年来,我们父子俩共度了多少快乐的时光。一岁的时候,你已经会走路了,可是仍然喜欢在地上爬。你的爬行是一绝,两手交替伸出,有力地拍打地板,小屁股撅起,有节奏地左右扭动,灵活至极。我不由自主地学你的样子,也在地上爬,当然爬得十分笨拙。我们俩一边爬,一边互相喊叫,我喊你小狗狗,你喊我大狗狗,喊声此起彼伏,屋子里一片欢腾。那个场景仿佛还在眼前,而不知不觉地,大狗狗和小狗狗忽然可以像两个男人那样进行有内容的谈话了。

你现在上小学六年级，再过半年就要上初中了。你和我都知道，你这个小学阶段过得相当艰难。你原是一个很阳光的孩子，活泼开朗，待人友善，日常说话也透着笑声。可是，自从上小学后，情况发生了变化，你的阳光的性格蒙上了越来越浓重的阴影。每天上学，你几乎都是流着眼泪去的。你经常发出责问：世界上为什么要有学校？你们大人为什么可以不上学？你甚至怨怪我们为什么要把你生出来，让你受上学的苦。这个情况使我很惊诧，因为当年姐姐上的是同一所学校，她上得很愉快，学习成绩在年级始终名列前茅。我了解到，你恐惧上学，主要原因是害怕语文课和英语课，这两门课的成绩在班上是倒数几名，因此成了一个所谓的差生，经常被老师留下来训话。我和妈妈试图在家里给你补这两门课，发现你仍是抗拒，不耐烦死记硬背那些生词和课文，于是只好作罢。

说实话，我丝毫不认为小学阶段的学习成绩有多重要，因为我知道，一个人未来的成就与此毫无关联，而且我对现行的应试教育有自己清醒的认识。我面临的难题是，怎样保护你的身心健康，让你不受挫折的伤害，我的责任是做你的童年的守护人。你一定记得，爸爸从来没有为成绩差责备你，而总是鼓励你，夸奖你聪明，让你不要在乎分数。

事实上，你的确聪明。你喜欢画画，你画得非常好，我有许多画家朋友，他们看了都说不可思议。你的数学能力不同一般，我们父子俩常在一起玩数学游戏，解数学趣味题，你往往比我棒。这并不简单，我读中学时也是数学尖子呢。当然，还有体育，你爱上了定向越野运动，这个运动需要体力、灵巧和头脑的清晰，你很快成了全校的最佳选手，在全市比赛中为学校拿了冠军。在我眼里，你的这些本领精彩无比。姐姐是全优生，我不会因此要求你也成为全优生，我才不这么愚蠢呢。有两个孩子，我发现，即使同父同母所生，孩子也会有很不同的个性，绝不可以用同一把尺子去要求和衡量。孩子不一样，生命真奇妙，我对此感到的是惊喜。教育不能一刀切，从小学开始，人的价值就被分数估定，这是一种愚昧。正确的做法是，让每个孩子都因为自己的优点而获得荣耀、快乐和自信。爸爸管不了学校里的事，但至少在家里要这样做，尽最大努力来消除学校评价体系给你罩上的阴影。

至于说到语文成绩差，我认为这并不说明你语文水平低。我曾经问你，爸爸的语文水平怎么样，你回答说，爸爸是作家嘛，语文水平当然高。我就告诉你，爸爸上小学的时候，语文成绩也不好。我说的是事实。在我看来，语文水平就是表达能力，而你的口头表达非常生动，叙事很有条理。这样的例子举不胜举，我稍微举几个。小学低年级时，有一回，你要教我魔法，我问要付多少学费，你说：一分钱。我惊叹：这么便宜！你说：对于我们神来说，魔法太简单了，付一分钱就够了。你看你多幽默。还有一回，天气奇冷，我想去公园散步，你阻止，说：如果你去，一会儿我要去公园找一块人形的戴眼镜的冰了。我心中赞叹：一篇童话。听大家夸奖你的画，你说了一长串话，我记了下来。你是这样说的：以后我的画放在博物馆里，我会有很多很多"粉丝"；等我老死后，我还活在我的画里，人死后就活在他创造的东西里。多么精辟的人生哲理！所以，你只是有些字不会写，以后迟早会写，那时候一定能够写出好文章，我对此深信不疑。事实上，自从爱上了阅读，你的词汇量大增，写作水平有了很大提高。

宝贝，爸爸立志做你的童年的守护人，你觉得爸爸这个使命执行得怎么样，你还满意吗？现在，你从童年进入了少年，我想给你提两点希望。第一，我希望你葆有一颗童心，依然纯真可爱，健康快乐，把童年的宝藏带入少年。第二，作为少年人，自我支配的能力变得重要了。你要明白，即使做自己感兴趣的事，要做出成绩，也必须有毅力，贵在坚持。何况人活在世上，常常还要做并无兴趣但必须做的事，比如进中学后，有的课程你未必喜欢，但作为基础教育，你必须学下来，那时候就更要靠毅力了。你要有一个决心，就是做自己学习的主人。今天做自己学习的主人，明天你才能成为自己人生的主人。希望你记住爸爸的这个嘱咐，在今后的学习和生活中，你会慢慢懂得它的意义的。

亲爱的宝贝，爸爸爱你，永远为你祝福。

爸爸

2019年2月2日

感恩和寄语

——给女儿和儿子的春节家书

啾啾、叩叩：

我的宝贝，快过年了，爸爸想和你们说说话。

首先我想让你们知道，我心里是多么感激你们，在我充满变故的人生中，是你们给我带来了最纯净的快乐。我由衷地感到，有你们这一双可爱的儿女，是我此生此世最纯粹的幸福，最自豪的成就。啾啾出生时，爸爸已年过五十；叩叩出生时，爸爸已年过六十。有人说，我这个年纪，应该享清福了，而我却要忙两个孩子，命真苦。他们哪里知道，这正是我的福气，上帝不让我老，在通常认为是老年的年岁，仍将生命生长的蓬勃氛围布满我的生活空间，这是何等的恩宠。

当然，养育小生命是很辛苦的。但是，我始终觉得，在这辛苦中，得到远远多于付出，享受远远多于疲惫。经常，在忙碌一天之后，夜深人静之时，我悄悄走进大卧室，看见娘儿三个睡在一张大床上。啾啾是有自己的卧室的，但你总喜欢去和妈妈、弟弟挤一块儿。看着你们安宁熟睡的情景，我心中充满感动和祥和，一天的疲劳顿时烟消云散。

有一回，在无锡出席一个活动，我和一位法师在台上对话，台下是一千五百名白衣白裤的信众。对话进行中，法师突然停住，朝我神秘地笑，回头看大屏幕，信众齐声鼓掌，也都注视大屏幕。大屏幕上突然开始播放视频，你们姐弟俩分别说了一些温暖的话，向我祝贺父亲节。原来那天是父亲节，主办方把这个策划完全瞒着我，给了我一个意外的惊喜。我感到惊讶的是，他们怎么这样了解我，知道来拨动我心中那根最敏感的弦。

据说哲学要人不食人间烟火，一心思考终极问题，如果是这样，我宁愿不要哲学。我的哲学源自我的生命体验，它让我珍惜生命中那些美好的、宝贵的经历。有一个好家庭，和家人在一起过平凡的日子，我感到的是实实在在的幸福，于是我知道我的生活观点是正确的。我的生命体验中也有痛苦的甚至悲观的方面，但这个方面只属于我自己，我不会让它给你们的成长投上阴影。也许在将来，你们有了类似的体验，我会和你们交流和讨论，那时候你们会懂得，一个勇于面对人生苦难的人，可以生活得更加积极而阳光。

关于对你们的教育，我也想说一说我的想法。现在中国的家长也许是世界上最焦虑的人，担心孩子的学业，担心孩子的将来，操心操劳没有一个头。在我看来，父母的这种焦虑成了孩子成长中最大的阴影。你们看到，爸爸妈妈不是这样的。我一直认为，孩子的成长，最需要的是爱和自由。我的这个教育理念，既是哲学思考的结论，更是健康本能的直觉。将心比心，在逼迫下痛苦地学习和做事，还有什么比这更加违背孩子的天性吗？人生的底色是阴暗的，将来不知要花多大力气来重建光明。所以，我坚持一个原则，决不在应试教育的重负下再给你们增加负担，没有让你们上任何课外补习班。看一看周围的同学，你们会发现，这样做的家长少之又少。

作为两个孩子的父亲，有了对比，我发现，即使同父同母所生，孩子也会有很不同的个性。啾啾性格内向，敏感细腻；叩叩性格外向，活泼开朗，个个是风景。我愿你们都能够顺应自己的个性，扬长避短，走出自己的路来，成为最好的自己。叩叩还小，你的路还不清晰，在你这个年龄也不应该清晰，你就再懵懂一些日子吧。啾啾，当初美国有两所大学录取你，你选择到纽约大学帝势艺术学院学戏剧，放弃了哥伦比亚大学。你要做艺术家，不想当学者，爸爸支持你。你大约是在爸爸身上吸取了教训，觉得学者的生活太单调。不过，我要提醒你的是，你生性多愁善感，容易纠结，你一定要学会跳出来看世间万象。爸爸送给你一句话：哲学是艺术的守护神。

我的两个宝贝，无论我多么爱你们，也只能做你们的临时监护人，无论父母多么用心，人生的路只能由你们自己走。将来你们会遇到各种人、各种事，有好人也有坏人，有快乐也有痛苦，你们必须自己去面对。你们要做自己人生的主人，具备人生最重要的一种能力，就是自己争取幸福和承受苦难的能力。

爸爸爱你们，爸爸为你们祝福。

2019年2月

第四辑

童年的价值

这似乎最不起眼儿的童年

其实是人生中最重要的季节。

童年的价值

一、不可把儿童期只看作成人生活的准备

把儿童看作"一个未来的存在",一个尚未长成的大人,在"长大成人"之前似乎无甚价值,而教育的唯一目标是使儿童为未来的成人生活做好准备,这种错误观念由来已久,流传极广。"长大成人"的提法本身就荒唐透顶,仿佛在长大之前儿童不是人似的!

人生的各个阶段皆有其自身不可取代的价值,没有一个阶段仅仅是另一个阶段的准备。尤其儿童期,原是身心生长最重要的阶段,也应是人生中最幸福的时光,教育所能成就的最大功德是给孩子一个幸福而有意义的童年,以此为他们幸福而有意义的一生创造良好的基础。

二、童年的价值

在人的一生中,童年似乎是最不起眼儿的。大人们都在做正经事,

孩子们却只是在玩耍，在梦想，仿佛在无所事事中挥霍着宝贵的光阴。可是，这似乎最不起眼儿的童年其实是人生中最重要的季节。粗心的大人看不见，在每一个看似懵懂的孩子身上，都有一个灵魂在朝着某种形态生成。

在人的一生中，童年似乎是最短暂的。如果只看数字，孩提时期所占的比例确实比成年时期小得多。可是，这似乎短暂的童年其实是人生中最悠长的时光。我们仅在儿时体验过时光的永驻，而到了成年之后，儿时的回忆又将伴随我们的一生。

对聪明的大人说的话：倘若你珍惜你的童年，你一定也要尊重你的孩子的童年。当孩子无忧无虑地玩耍时，不要用你眼中的正经事去打扰他。当孩子编织美丽的梦想时，不要用你眼中的现实去纠正他。如同纪伯伦所说："孩子虽是借你而来，却不属于你；你可以给他爱，却不可给他想法，因为他有自己的想法。"如果你执意把孩子引上成人的轨道，当你这样做的时候，你正是在粗暴地夺走他的童年。

三、"孩子是大人的父亲"

华兹华斯说："孩子是大人的父亲。"我这样来论证这个命题——

孩子长于天赋、好奇心、直觉，大人长于阅历、知识、理性，因为天赋是阅历的父亲，好奇心是知识的父亲，直觉是理性的父亲，所以孩子是大人的父亲。

这个命题除了表明我们应该向孩子学习之外，还可做另一种解释：对于每一个人来说，他的童年状况也是他的成年状况的父亲。因此，早期的精神发育在人生中具有关键作用。

四、野蛮的做法

今日的家长们似乎都深谋远虑，在孩子很小时就为他将来有一个好职业而奋斗了，为此拼命让孩子进重点学校和上各种课外班。从孩子这方面来说，便是从幼儿园开始就投入了可怕的竞争，从小学到大学一路走过去，为了拿到那张最后的文凭，不知要经受多少作业和考试的折磨。有道是：不能让我们的孩子输在起跑线上。可是，在我看来，这种教育方式恰好一开始就是输局了。身心不能自由健康地发展，只学得一些技能，将来怎么会有大出息呢？

一个人从童年、少年到青年，原是人生最美好也最重要的阶段，有其自身不可取代的价值，现在这个价值被完全抹杀了，其全部价值被归结为只是为将来谋职做准备。多么宝贵的童年和青春，竟为了如此渺小的一个目标做了牺牲。这种做法无疑是野蛮的。我不禁要问：这还是教育吗？教育究竟何为？

然而，现行教育体制以应试和功利追求为特征，使得家长和孩子们难有别的选择。因此，当务之急是教育体制的改革。

五、城里的孩子没有童年

一个人的童年，最好是在乡村度过。一切的生命，包括植物、动物、人，归根到底来自土地，生于土地，最后又归于土地。上帝对亚当说：

"你是用尘土造的，你还要归于尘土。"在乡村，那刚来自土地的生命仍能贴近土地，从土地汲取营养。童年是生命蓬勃生长的时期，而乡村为它提供了充满同样蓬勃生长的生命的环境。农村孩子的生命不孤单，它有许多同伴，它与树、草、野兔、家畜、昆虫进行着无声的谈话，它本能地感到自己属于大自然的生命共同体。相比之下，城里孩子的生命就十分孤单，远离了土地和土地上丰富的生命，与大自然的生命共同体断了联系。在一定意义上，城里孩子是没有童年的。

今天的孩子已经越来越没有童年。到各地走走，你会发现到处都在兴建雷同的城镇，千篇一律的商厦和水泥马路取代了祖先们修筑的土墙和小街，田野和村庄正在迅速消失。孩子们在这样一种环境中成长，压根儿没有过同大自然亲近的经验和对土地的记忆，因而也很难在他们身上唤起对大自然的真正兴趣了。有一位作家写到，她曾带几个孩子到野外去看月亮和海，可是孩子们对月亮和海毫无兴趣，心里惦记着的是及时赶回家去，不要误了他们喜欢的一个电视节目。

六、向孩子学习

耶稣说："你们如果不回转，变成小孩子的样子，就一定不得进天国。"帕斯卡尔说："智慧把我们带回到童年。"孟子说："大人者，不失其赤子之心。"几乎一切伟人都用敬佩的眼光看孩子。在他们眼中，孩子的心智尚未被岁月扭曲，保存着最宝贵的品质，值得大人们学习。

与大人相比，孩子诚然缺乏知识。然而，他们富于好奇心、感受性和想象力，这些正是最宝贵的智力品质，因此能够不受习见的支配，用全新的眼光看世界。

　　与大人相比，孩子诚然缺乏阅历。然而，他们诚实、坦荡、率性，这些正是最宝贵的心灵品质，因此能够不受功利的支配，做事只凭真兴趣。

　　如果一个成人仍葆有这些品质，我们就说他有童心。凡葆有童心的人，往往也善于欣赏儿童，二者其实是一回事。

　　相反，有那么一些童心已经死灭的大人，执意要把孩子引上自己的轨道。在他们眼中，孩子什么都不懂，什么都不会，一切都要大人教，而大人在孩子身上则学不到任何东西。恕我直言，在我眼中，他们是世界上最愚蠢的大人。

2005年4月

孩子的独立精神

看到有些欧美儿童身上的那一股小大人气概，每每忍俊不禁，觉得非常可爱。相比之下，部分中国的孩子太缺乏这种独立自主的精神，不论大小事都依赖父母，不肯自己动脑动手，不敢自己做主。当然，并非中国孩子的天性如此，这完全是后天教育的结果。所以，在这方面首先应该做出改变的是中国的父母们。如果我有孩子，我最乐于扮演的角色将是做孩子的朋友。在我看来，做孩子的朋友，孩子也肯把自己当作朋友，乃是做父母的最高境界。溺爱是动物性的爱，那是最容易的，难的是使亲子之爱获得一种精神性的品格。所谓做孩子的朋友，就是不把孩子当作宠物或工具，而是视为一个正在成形的独立的人格，不但爱他、疼他，而且给予信任和尊重。凡属孩子自己的事情，既不越俎代庖，也不横加干涉，而是怀着爱心加以关注，以平等的态度进行商量。父母与孩子之间要有朋友式的讨论和交流的氛围。正是在这种氛围里，孩子便能够逐渐养成基于爱和自信的独立精神，从而健康地成长。

1997年8月

智慧和童心

我们可以从书本和课堂上学到知识，可是，无人能向我们传授智慧。智慧是一种整体的东西，不可能把它分解成若干定理，一条一条地讲解和掌握。不过，智慧也不是高不可攀的东西，人人都有慧根，我们所要做的只是保护和发展它，不让它枯萎罢了。

孩子往往比大人更有智慧。真的，孩子都有些苏格拉底式的气质呢，他们感觉到自己处在一个新鲜的未知的世界之中，因而对一切都充满着好奇，都要问一个为什么，从来不强不知以为知。可惜的是，孩子时期的这种天然的慧心是很容易丧失的。待到长大了，有了一技之长，掌握了某一方面的知识，人就容易被成见所围并且自以为是，仿佛世界上再也没有新鲜事了。实际上，许多大人只是麻木得不再能够感受世界的新奇而已。

除了好奇心之外，智慧又是一种从整体上洞察和把握事物真相的直觉。在这方面，孩子同样比大人占据着优势。你们一定听过安徒生讲的《皇帝的新衣》的故事。两个骗子给皇帝做新衣，他们说，这件衣服是用最美丽的布料做的，不过只有聪明人能看见，蠢人却看不见。事实上，他们什么布料也没有用，只是假装在缝制。皇帝穿着这件所谓的新衣游行，其实他光着身子，什么也没有穿。然而，皇帝本人、前呼后拥的大臣们、围观的老百姓，因为害怕别人说自己愚蠢，都使劲地赞美这件新衣多么美丽。最后，有一个人喊了起来："可是他什么也没有穿呀！"谁喊的？正是一个孩子。所有的大人明明看见皇帝光着身子，但他们都这么想：第一，既然别人都在赞美这件新衣，就说明皇帝确实穿着一件美丽的新衣，只是我看不见罢了；第二，我看不见说明我比别人都蠢，千万不可让别人知道了笑话我，我一定要跟着别人一起赞美。他们都宁肯相信多数人的意见，不愿相信自己亲眼所见的事实。孩子却不同，他没有虚荣心的顾忌，也不盲从别人的意见，一眼就看到了真相。

儿童的可贵在于单纯，因为单纯而不以无知为耻，因为单纯而又无所忌讳，这两点正是智慧的重要特征。相反，偏见和利欲是智慧的大敌。偏见使人满足于一知半解，在自满自足中过日子，看不到自己的无知。利欲使人顾虑重重，盲从社会上流行的意见，看不到事物的真相。这正是许多大人的可悲之处。

不过，一个人如果能保持住一颗童心，同时善于思考，就能避免这种可悲的结局，在成长过程中把单纯的慧心发展为成熟的智慧。由此可见，智慧与童心有着密切的联系，它实际上是一颗达于成熟因而不会轻易失去的童心。《圣经》里说："你们如果不回转，变成小孩子的样子，就一定不得进天国。"帕斯卡尔说："智慧把我们带回到童年。"孟子也说："大人者，不失其赤子之心。"说的都是这个意思。那么，我衷心祝愿你们在逐渐成熟的同时不要失去童心，从而能够以智慧的方式度过变幻莫测的人生。

1996年10月

守护童年

那个用头脑思考的人是智者，那个用心灵思考的人是诗人，那个用行动思考的人是圣徒。倘若一个人同时用头脑、心灵、行动思考，他很可能是一位先知。在我的心目中，圣-埃克苏佩里就是这样一位先知式的作家。

世上只有极少数作品，既高贵又朴素，既深刻又平易近人，从内容到形式都几近于完美，却不落丝毫斧凿痕迹，宛若一块浑然天成的美玉。它们仿佛是人类精神园林里偶然绽放的奇葩，可是一旦产生，便超越时代和民族，从此成为全人类的传世珍宝。在我的心目中，《小王子》就是这样一部奇书，一部永恒之作。

每次读《小王子》，我都被浸透全书的忧郁之情所震撼。圣-埃克苏佩里是忧郁的，这忧郁源自他在成人世界中感到的异乎寻常的孤独。正是在无可慰藉的孤独中，他孕育出了小王子这个无比纯真美好的形象。小王子必须到来，也当真降落在了地球沙漠，否则圣-埃克苏佩里何以忍受人间沙漠的孤独呢。

我相信，最好的童话作家一定是在俗世里极孤独的人，他们之所以给孩子们讲故事，绝不是为了消遣和劝喻，而是要寻求在成人世界中不能得到的理解和共鸣。也正因为此，他们的童话同时又是写给与他们性情相通的大人看的，用圣－埃克苏佩里的话说，是献给还记得自己曾是孩子的大人的。安徒生同样如此，自言写童话也是为了让大人们想想。是的，凡童话佳作都是值得成年人想想的，它们如同镜子一样照出了我们身上习以为常的庸俗，从而回想起湮没已久的童心。

大人们往往自以为是正经人，在做着正经事。他们所认为的正经事，在作者笔下都显出了滑稽的原形。到达地球前，小王子先后访问了六颗星球，分别见到一些可笑的大人，发现大人们全在无事空忙，为权力、虚荣、怪癖、占有、职守、学问之类表面的东西活着。小王子得出结论：大人们不知道自己到底要什么。

可是孩子们知道。书中一个扳道工嘲笑说，大人们从不满意自己所在的地方，总是到处旅行，然而在列车里只会睡觉或打哈欠，"只有孩子们才会把脸贴在车窗上压扁了鼻子往外看"，结论是："孩子是有福的。"

孩子们充满好奇心，他们眼中的世界美丽而有趣。我在所有的孩子身上都观察到，孩子最不能忍受的不是生活的清苦（大人们才不能忍受呢），而是生活的单调、刻板、无趣。几乎每个孩子都热衷于在生活中寻找、发现、制造有趣，并报以欢笑。相反，大人们眼中只有功利，生活得极其无聊，包括作为时尚互相模仿的无聊的休闲和度假。

小王子说："只有孩子们知道自己在找寻什么。他们花时间在一个破布娃娃身上，于是这个布娃娃就变得很重要，如果有人夺走，他们就会哭。"是的，孩子并不问布娃娃值多少钱，它当然不值钱啦，可是，他们天天抱着它，和它说话，便对它有了感情，它就比一切值钱的东西更有价值了。一个人在衡量任何事物时，看重的是它们在自己生活中的意义，而不是在市场上能卖多少钱，这样一种生活态度就是真性情。许多大人之可悲，就在于失去了儿时曾经拥有的真性情。

住在自己的星球上时，小王子与一株玫瑰为伴，天天照料她。到地球后，在一片盛开的玫瑰园里，他看见五千株玫瑰，不禁怀念起自己的那株玫瑰来。他的那株玫瑰与眼前这些玫瑰长得一模一样，但他却觉得她是独一无二的。这是为什么呢？那只请他驯服自己的狐狸告诉他："正是你花在玫瑰上的时间让你的玫瑰变得如此重要。对于你使之驯服的东西，你是负有责任的。"

为一个布娃娃花了时间，那个布娃娃就变得重要了。为一株玫瑰花了时间，那株玫瑰就变得重要了。作者在这里谈的已经不只是孩子，更是他的人生哲学，孩子给了他灵感，阅历和思考使这灵感上升为哲学。驯服、责任、爱，是圣－埃克苏佩里哲学中的关键词。因驯服而产生责任，因责任而产生爱，这才是正确的关系，从而使生活变得有意义。

由驯服、责任、爱所产生的意义，是人生中本质的东西，而"本质的东西，眼睛是看不见的"。但是，正是这看不见的东西使世界显得美丽。"沙漠之所以美丽，是因为在某个地方藏着一口井。"唯有心灵的眼睛才能看见世界的美，那些心灵的眼睛关闭的人，只看见孤立的事物及其功用，看不见人与事物的精神关联，看不见意义，因而也看不见美，他们眼中的世界贫乏而丑陋。

我相信，当我们在人生沙漠上跋涉时，童年就是藏在某个地方的一口井。始终携带着童年走人生之路的人是有福的，由于心中藏着永不枯竭的爱的源泉，最荒凉的沙漠也化作了美丽的风景。

中外许多哲人都强调孩子对于成人的启示，童年对于人生的价值。中国道家摒弃功利，崇尚自然，老子眼中的理想状态是"复归于婴儿"。儒家推崇道德上的纯粹，孟子有言："大人者，不失其赤子之心。"《圣经·新约》中，耶稣如是说："你们如果不回转，变成小孩的样子，就一定不得进天国。"帕斯卡尔说："智慧把我们带回到童年。"泰戈尔说："在人生中童年最伟大。"几乎一切伟人都用敬佩的眼光看孩子。民族和时代迥异，着重点也不尽同，共同的是把孩子视为人生的榜样，告诫我们守护童年，回归单纯。

与成人相比，孩子诚然缺乏知识。然而，他们富于好奇心、感受性和想象力，这些正是最宝贵的智力品质，因此能够不受习见的支配，用全新的眼光看世界。与成人相比，孩子诚然缺乏阅历。然而，他们诚实、坦荡、率性，这些正是最宝贵的心灵品质，因此能够不受功利的支配，只凭真兴趣做事情。如果一个成人仍葆有这些品质，我们就说他有童心。凡葆有童心的人，往往也善于欣赏儿童，二者其实是一回事。

在生理的意义上，人当然不可能停留在童年，也不可能重新变回孩子。但是，在精神的层面上，我们可以也应该把童年最宝贵的财富带到成年，葆有童心，使之生长为牢不可破的人生智慧。童年是人生智慧生长的源头，而所谓人生智慧无非就是拥有一颗成熟了的童心，因为成熟而不会轻易失去罢了。

然而，这是一个很高的要求，世人的所谓成熟恰恰是丧失童心的同义语，记得自己曾是孩子的大人何其少，圣-埃克苏佩里因此感到孤独。我本人的经验告诉我，人生中有一个机会，可以帮助我们最大限度地回到孩子的世界，这就是为人父母的时候。我无比珍惜这样的机会，先后写了两本书记录我的体会，便是为因病夭折的第一个女儿写的《妞妞——一个父亲的札记》（1995）和为健康成长的第二个女儿写的《宝贝，宝贝》（2009）。作为哲学学者，我的工作是翻译和研究尼采的著作，但我始终认为，我更重要的使命是表达我亲历的人生体悟，写出我的生命之作。圣-埃克苏佩里热爱尼采，我也如此，哲学和孩子是孤独中两个最好的救星。

爱默生说："婴儿期是永生的救主，为了诱使堕落的人类重返天国，它不断地重新来到人类的怀抱。"的确，在亲自迎来一个小生命的时候，人离天国最近。这时候，生命以纯粹的形态呈现，尚无社会的堆积物，那样招我们喜爱，同时也引我们反省。现代人的典型状态是，一方面，上不接天，没有信仰，离神很远；另一方面，下不接地，本能衰退，离自然也很远，仿佛悬在半空中，在争夺世俗利益中度过复杂而虚假的一生。那么，从上下两方面看，小生命的到来都是一种拯救，引领我们回归简单和真实。我们因此体会到，人世间真实的幸福原是极简单的，只因人们轻慢和拒绝神的礼物，偏要到别处去寻找幸福，结果生活越来越复杂，也越来越不幸。我们还体会到，政治、文化、财富、浪漫，一切的不平凡最后都要回归平凡，也都要按照对人类平凡生活的功过来确定其价值。

（本文应《新法兰西杂志》之约而写）

2013年3月

拯救童年

　　我是怀着强烈期待的心情翻开尼尔·波兹曼的《童年的消逝》一书的，原因有二。一是此前读过这位作者的另一著作《娱乐至死》并深感共鸣；二是该书的主题正是我长期关注和忧虑的问题。读后的感觉是未失所望，但又意犹未尽。

　　该书的立论与《娱乐至死》一脉相承，也是电视对于文化的负面作用，而童年的消逝基本上被视为此种负面作用的一个特例。作者是在社会学而非生物学意义上定义童年概念的，他认为，这个意义上的童年概念乃是印刷术的产物。在此之前，尤其在漫长的中世纪，童年与成年的界限是模糊不清的。由于儿童死亡率居高不下，使得人们包括一般父母在儿童身上不愿投入感情，尚未形成同情儿童的心理机制。甚至像柏拉图这样的哲学家竟也断言：对儿童只能"用恐吓和棍棒，像对付弯曲的树木一样"。同时，由于主要依靠口头方式传播信息，儿童很早就从成人百无禁忌的谈话中知道了成年的各种秘密包括性秘密，不能培育起羞耻心。总之，在社会的普遍意识中，童年不被看作一个需要给予特殊关心的人生阶段，真正的儿童教育并不存在。儿童之被当作成人对待，从英国法律中可见一斑，直到1780年，两百多项死罪对儿童一视同仁，有一个七岁女孩只因为偷了一条衬裙就被处以绞刑。

如果说医学的发展改变了人们对儿童生命和心灵的麻木态度，那么，印刷术的发明则在人类历史上第一次创造了童年的概念。按照作者的解说，这主要是指，由于信息传播方式由口头转变为文字，社会便获得了一个区分童年和成年的明确标准，就是是否具备阅读能力。童年是从学习识字和阅读开始的，儿童必须接受教育才能应付成人的符号世界，成年变成一个需要经过努力才能达到的目标，为此欧洲建立了现代学校。作为一个重要结果，文字的屏障可使儿童避免接触于他们不宜的信息，保护他们的羞耻心。作者始终强调，羞耻心是童年存在的前提。这是有道理的，因为儿童的天真在相当程度上依赖于羞耻心。

然而，信息传播技术的新革命再一次彻底改变了儿童生活的场景，在作者看来，不啻是消灭了由印刷术所建立的儿童的概念。这就是电视的发明。自20世纪50年代以来，电视在美国的家庭里扎根，接着普及全世界，成为当代文化的主宰。作者对于电视文化的批判是强有力的。他引美国作家芒福德的话说：钟表消灭了永恒，印刷机使之恢复。依靠印刷的书籍，个人得以摆脱一时一地的控制，扩展了思想自由的疆域。可是，电视似乎又重新消灭了永恒。电视在本质上是娱乐，它旨在制造观众瞬时的兴奋。看电视就好像参加一个聚会，满座是你不认识的人，不断被介绍给你，而你在兴奋之后，完全记不住这些人是谁和说了什么。电视破坏了童年和成年之间界限的历史根基，在电视机前面，童年消逝与成年消逝并行。一方面，看电视不需要也不开发任何技能，它把成人变成了功能性文盲，儿童化的成人。正如英国哲学家怀特海早就指出的："文化是思想活动，支离破碎的信息与文化毫不相干。"另一方面，它又把儿童变成了成人化的儿童。孩子们从电视图像上获得五花八门的信息，仿佛无所不知，尚未提问就被给予了一大堆答案，好奇的张力减弱，好奇被自以为是取代。他们还通过电视知道了成人的一切秘密，导致羞耻心消失。作者断言，如今孩子普遍早熟，青春期提前，电视——现在还应该加上网络——对此脱不了干系。当儿童能够任意接触成人的知识禁果时，他们就确实被逐出童年乐园了。令无数家长忧虑的事实是，家长对孩子的信息环境完全失去了控制。玛格丽特·米德把电视称作"第二家长"，我们或许可以把网络称作"第三家长"，而且，这些后来居上的"家长"威力多么巨大，使得许多"第一家长"成了徒有其名的傀儡。

童年消逝的一个重要表征是传统儿童游戏的消失。英国两位历史学家鉴定了几百种传统儿童游戏，其中没有一种是现在的美国儿童仍经常玩的。我们这里的情况并不稍微好一些，不必说上了年纪的人，即使是四五十岁的中年人，记忆中的童年游戏在今日的孩子中间也已难觅踪影。今日的孩子当然也玩游戏，区别于传统游戏，他们玩的游戏有两个鲜明特征。其一是抽象性，突出表现在电脑游戏，沉湎在虚拟世界里，昏天黑地，不知阳光下还有一个真实的世界。在玩电脑游戏时，人自身也化为抽象的存在，肉体和灵魂皆消失，变成了受电脑程序控制的一个部件。相反，传统游戏总是具体的，环境具体，多半在户外，与自然亲近，人也具体，手脑并用，身心皆投入。其二，传统游戏具有自发性，没有成人的干预，孩子们自然地玩到了一起，自由自在，充满童趣。相反，现在的儿童游戏变得日益职业化了，作者举出美国的例子，组织各种比赛，往往有家长督促和参与，让孩子们经受培训、竞争、媒体宣传的辛苦。在我们这里，则是给孩子报各种班，学各种技能，同样也要参加各种比赛，加上繁重的作业，占据了全部课外时间。可是，当孩子们毫不自由地从事着这些活动时，他们还是在玩吗？当然不是了，他们其实是被绑架进了成人世界的竞争之中。

最后，我说一说对这本书感到意犹未尽的理由。作者的基本论点是，电视文化取代印刷文化，这是导致童年消逝的根源。中国当今的现实却是，不但电视文化，而且印刷文化，二者共同导致了孩子们童年的消逝，因而消逝得更为彻底。其实，作者自己曾谈到，在印刷文化的范畴内，也有两种不同的童年概念。洛克派认为：儿童是未成形的人，教育就是通过识字和理性能力的培养使之成形，变成文明的成人。卢梭派则认为：儿童拥有与生俱来的自发能力，教育就是生长，以文字为主导的现行教育却压抑了生长，结果使儿童变成了畸形的成人。不用多说，人们就会感到，卢梭的批评是多么切合中国的现状。因此，为了拯救中国孩子的童年，我们不但要警惕电视文化的危害，更要克服印刷文化的弊病，其极端表现就是我们今天的急功近利的应试教育。

2005年4月

童年记忆和时代变迁

—— "那年那月小时候"系列作品总序

　　每个人都曾经是儿童，都有过用儿童的眼睛看世界的时候。儿童的眼睛好奇而纯净，能见成人所不能见，在平淡中见有趣，在平凡中见真理。长大以后，我们几乎不可避免地失去了这种眼光，但多少会记得当年用它看世界的印象，它们是我们心灵中永远的财富。

　　每个人心中都藏着珍贵的童年记忆。童年是人生的黎明，万物在晨曦里闪放着迷人的光辉。这光辉并未消散，在我们的记忆中，它永远笼罩着我们的童年岁月。所以，一个人无论到了什么年龄，回忆起童年岁月，心中都会有莫名的感动和惆怅。

　　每个人的童年记忆又是非常个体化的，并且必然会染上时代的色彩。在不同年代度过童年，童年生活及其留下的记忆会很不同。对于同一个年代，儿童和成人的视角也会很不同。映照在儿童的眼睛里，相关年代的社会场景和风俗会呈现丰富而有趣的细节，从而为历史记录提供了一个特殊的角度。

基于上述理由，我对这套书的创意颇为欣赏。主编挑选了九位作者，年龄依次从20世纪"10后"到"90后"，时间跨度近百年，请每人写一本童年回忆。作者都是在北京度过童年的平凡人，回忆的也是一些平凡事，文字皆朴实，求的只是一个"真"。把这九本回忆连贯地读下来，我们既可感受到不同年代儿童相同的童真和童趣，又能看到同一个北京从军阀混战、民国、新中国成立初直到"文革"和改革开放近百年变迁的轨迹。打通个体童年史和区域社会史，用童年记忆呈现时代变迁，我认为这个尝试是这套书最有价值的地方。

2012年7月

永不消逝的童年

——电影《我们天上见》观感

世上有一种人，无论到了什么年龄，无论生活的场景发生了什么变化，心中始终装着童年，犹如装着生命中的珍宝。不，准确地说，童年始终活在她的生命之中，是她的人间情感的源头活水。

蒋雯丽就是这样的一个人。

五六年前，和雯丽相识不久，我们有过两次交谈。那时候，她已是一名当红演员，得过国内外许多大奖，可是，她对我谈的却是她小时候的敏感和自卑，在基层社会中受的磨难和伤害。作为一个秘密，她还把要写自传体电影的想法告诉了我。我当时的强烈感觉是，这是一个真实的人，不会被生活的表象迷惑，她的电影一定能拍好。

现在，她编导的影片《我们天上见》已经公映，虽然我对她的能力有充足的信心，这部处女作的水准仍令我吃惊。影片通过女孩晓兰的视角，展现了晓兰与姥爷相依为命的骨肉深情，晓兰充满爱和创伤的童年，以及围绕着他们的那个特殊年代的时代氛围和日常生活场景。

这是一部诚实、真实、朴实的作品，作者诚实地面对自己的童年经历，细节和内心感受都非常真实，情节的某些虚构也是为了更好地表现这种真实，而电影语言则非常朴实，叙述简洁，画面干净。一部情感电影，在感情的表达上却如此内敛，绝不煽情和矫情，观众的心是在不知不觉中被俘获的。

影片中姥爷的形象感人至深。一个普通的中国老人，善良、慈爱、朴素，承担起了独自抚育小外孙女的责任。孩子的双亲远在边疆，音信隔绝，老人又当爹又当娘，两种角色都十分艰难，更何况这是一个备受外界歧视、内心极其敏感的女孩，他的苦心呵护怎一个"愁"字了得。晓兰的体操梦是片中的重要情节，我们看到，姥爷为此如何费尽心力，包括给晓兰自制单杠和手缝运动衫，但始终改变不了晓兰在体校被列为编外的命运。最后，晓兰不堪屈辱，放弃了体操梦，而当她在姥爷自制的单杠上扮笑脸，学狗叫猫叫，做各种孩子气的动作，试图逗病重的姥爷高兴时，姥爷已经毫无反应，就在她学鸟儿飞翔那一瞬间魂飞天上了。看到这一幕，我再也克制不住泪水了。我也理解了作者为何取这样一个似乎有点儿超凡脱俗的片名，这一份亲情的分量太重太重，如果我有这样一个姥爷，"天上见"也会是我的热切期望。同时，姥爷说好人死后到天上，这个片名也表达了像姥爷那样做一辈子好人的信念。

这是一部自传色彩浓厚的电影，我们在晓兰身上可以认出作者的童年。每当遭受痛苦时，晓兰就躲进柜子里，抱着她的洋娃娃倾诉心事，沉入幻想。雯丽告诉我，这个洋娃娃是她小时候唯一的玩具，她爸爸替她保存下来了，影片里用的是原物。这真是奇妙，在这个洋娃娃身上，光阴停止，岁月回转，片中的晓兰分明就是童年的雯丽。雯丽向媒体坦言，她小时候就是一个忧郁、孤独的孩子，近乎自闭，爱幻想，生活在自己的世界里，直到三十岁后才从童年状态里走出来。我觉得，准确的说法是又走出又没有走出。作为一个演员，她要拍戏和参加必要的公共活动，没法儿自闭下去了。但是，童年显示和形成的内向性格不会根本改变，这种性格带来的收获更不会轻易失去。一个性格内向的人，是更容易朝内心深刻和细腻的方向发展的，也是更能与外部世界里的沉浮荣辱保持距离的，这部影片是一个证明，雯丽在成名后依然本色、低调也是一个证明。那个充满爱和创伤的童年仍然活在她的身上，爱和创伤都变成了财富，使她的艺术既是温暖的，又是有深度的。

今天的电影市场充斥着刺激眼球的大片和娱乐化的小片，其中无奇不有，唯独缺少真实的生活。真实的生活原是平凡的，而把平凡的生活写好其实是最难的。这正是这部影片既感人又发人深省的原因。人们吃惯了大餐和快餐，在这个时候，雯丽端给了我们一桌清爽的家常菜，我们如同回到了久违的家，重温童年和亲情，重新发现了平凡生活的价值。

据说雯丽表示，她接下来要继续演戏了，不会轻易再拍片。但是，我相信，无论作为演员，还是作为导演，她面前都还有长长的路要走，她是能走得很远的。

2010年4月

第五辑

儿童的心智

孩子最不能忍受的不是生活的清苦，

而是生活的单调、刻板、无趣。

儿童的心智

　　两至五岁正是幼儿期，心智的各个要素，包括感觉、认知、语言、想象，如同刚破土的嫩苗，开始蓬勃生长。一方面，这些要素尚未分化，浑然一体，相得益彰；另一方面，又尚未被成人世界的概念思维和功利计算所同化，清新如初。人们对于幼儿绘画赞美有加，其实，幼儿语言毫不逊色，同样富于独创性。这是原生态的精神现象，奇妙无比，在生命的以后阶段绝不可能重现。打一个未必恰当的比方，犹如中国的先秦文化和欧洲的古希腊文化不可能重现一样。长大以后，在较好的情形下，心智的某一要素得到良好发展，成为某一领域的能者。在最好的情形下，心智保持纯真的品质和得到全面的发展，那就是天才了。

　　在幼儿面前，聪明的父母要具备两种本领。一是不懂装懂，孩子咿呀学语，说一些不成语言的音节，你听不明白他的意思，也要装作懂了，鼓励他多说话。二是懂装不懂，你听懂了孩子的词不达意的表

084

达，不妨装作不懂，适当地提问，引导他寻找更准确的表达。

我在所有的孩子身上都观察到，孩子最不能忍受的不是生活的清苦，而是生活的单调、刻板、无趣。几乎每个孩子都热衷于在生活中寻找、发现、制造有趣，并报以欢笑，这是生长着的智力的嬉戏和狂欢。

然而，人们往往严重低估孩子对于有趣的需要。

我一再发现，孩子对于荣誉极其敏感，那是他们最看重的东西。可是，由于尚未建立起内心的尺度，他们就只能根据外部的标志来判断荣誉。在孩子面前，教师不论智愚都能够成为权威，靠的就是分配荣誉的权利。

孩子天然地亲近自然，亲近自然中的一切生命。孩子自己就是自然，就是自然中的一个生命。

然而，今天的孩子真是可怜。一方面，他们从小远离自然，在他们的生活环境里，自然最多只剩下了一点儿残片；另一方面，他们所处的文化环境也是非自然的，从小被电子游戏、太空动漫、教辅之类的产品包围，天性中的自然也遭到了抹杀。

我们正在从内外两个方面割断孩子与自然的联系，剥夺他们的童年，他们迟早会报复我们的。

电视镜头——妈妈告诉小男孩怎么放刀叉，小男孩问："可是吃的放哪里呢？"

当大人们在枝节问题上纠缠不清的时候，孩子往往一下子进入了实质问题。

在孩子眼中，世界是不变的。在世界眼中，孩子一眨眼就老了。

据说童年是从知道大人们的性秘密那一天开始失去的。在资讯发达的今天，孩子们过早地失去了童年，而大人们的尴尬在于，不但失去了秘密，而且失去了向孩子揭示秘密的权利。

在失去想象力的大人眼里，孩子的想象力也成了罪过。

童年无小事，人生最早的印象因为写在白纸上而格外鲜明，旁人觉得琐碎的细节很可能会对本人性格的形成发生重大作用。

在成人的功利世界里，我常常感到孤独，而这时候孩子便是我的救星。

小小语言学家

　　学会行走和言说是一个孩子从婴儿期进入幼儿期的标志，而这恰好是在一周岁上下。一个会行走的孩子，获得了主动接触事物的自由，物理的世界变广阔了。一个会言说的孩子，获得了表达和交流的自由，精神的世界变广阔了。

　　从一岁半开始，幼儿的语言发展就进入了活跃期，并且越来越精彩纷呈。事实上，在人的一生中，幼儿期是语言能力发展的高峰期，对于大多数人来说，也许是以后再也抵达不了的。在女儿生长的过程中，幼儿的语言表现给我带来的惊喜是不可比拟的。我深切地感到，这是天地间最奇妙的精神现象之一，是真正的天籁，是从大自然的性灵中迸发出来的音乐。然而，这么美妙的音乐，人间能得几回闻，它们几乎必不可免地会随着幼儿期的结束而消逝。仿佛是意识到它们的稍纵即逝和一去不可返，我贪婪地记录和收藏它们，做了大量笔记。我敢斗胆说，对于一个幼儿的语言表现，也许还不曾有人做过这样仔细的观察和记录，至少我还没有看到有人发表过。为孩子、为我自己，也许还为儿童心理学保存了这一份宝贵的资料，是我最感庆幸的一件事。

幼儿的语言一派天真，充满童趣。她（他）与万物交谈，太阳、月亮、动物、玩具都是她的伙伴。她经常说出令人捧腹的傻话，也经常说出令人汗颜的真话。她时而用小大人的口气说幼稚的话，时而用稚嫩的声音说地道的大人话。

根据我的观察，我还发现，幼儿都是小小语言学家，对语言的感觉非常细腻，对词的含义极其认真，很讲究表达的准确和精确。同时，又是天生的诗人，富有想象力和创造性，擅长表达的生动，常常不假思索便口吐妙语，其形象、贴切、新颖、精辟，绝对是成人难以企及的，哪怕这个成人是作家，尤其这个成人是作家，比如我。这是伊甸园里的文学，人刚刚学会命名，词汇十分有限，却是新鲜的，尚未沦为概念。眼前的景物，心中的感觉，也都是新鲜的，尚未被简化为雷同的模式。用新鲜的语言描述新鲜的事物和感觉，正是本来意义的文学。如同儿童绘画一样，儿童的语言表达也是一个宝库，是文学的源头活水，是大师们学习的好课堂。

许多文豪回顾自己的文学生涯时，在其开端都会发现一个善讲故事的老奶奶、老外婆或老保姆。在今天的时代，这样的老妇已经十分稀缺，所以文豪也相应稀缺，至少难觅那种吸取充足民间营养的人民文豪了。不过，时代不同，不必在意。我想说的是，不论什么时代，在孩子心智的生长中，故事都发挥着重要的作用，讲故事和听故事是发展孩子的好奇心、想象力及语言能力的主要途径之一。我们常常给孩子讲故事，所讲的故事，有经典童话之类，也有自编的。我更喜欢自编，也鼓励孩子自编，这是对她的想象力和叙述能力的直接训练。其实，孩子不但喜欢听故事，而且也都喜欢编故事，就看大人能否热情地倾听并且善于推波助澜了。

（摘自《宝贝，宝贝》第二卷）

孩子比大人幽默

幼儿的心智是一片欣欣向荣的苗圃，各种精神作物破土而出，同生共长，交相辉映，幽默也是其中之一。当然，幽默不是一种孤立的品质，毋宁说是诸多心智要素的综合表现，是新生命在生长过程中绽放的智性花朵，是健康生命遏止不住的灵性笑声。

我从女儿身上看到，孩子天然地具有幽默的倾向，喜欢而且善于逗趣、调侃、讽刺、自嘲，事实上比绝大多数成人更善于表达和理解幽默。

人生有两个时期最盛产幽默。一是孩提时期，倘若家庭是幸福的，生活的氛围是欢快的，孩子往往会萌生幽默感，用戏谑、调侃、嘲弄、玩笑来传达快乐的心情。这是充满活力的新生命发出的天真单纯的欢笑。另一是成熟时期，一个人倘若有足够的悟性，又有了足够的阅历，就会借幽默的态度与人生的缺憾和解。这是历经沧桑而依然健康的生命发出的宽容又不乏辛酸的微笑。我相信，如果一个人在孩提时期拥有前一种幽默，未来就比较容易拥有后一种幽默。幽默有两个要素，一是健康的生命，二是超脱的眼光。孩子的幽默源于前者，但已经包含后者。当孩子对人对事调侃的时候，实际上已经从日常生活的语境中跳了出来，发现了用另一种眼光看生活的可能性。在想象中或在现实中看到生活的好玩和可笑，这种能力对于人生至关重要，总有一天用得上。在这个世界上，人倘若没有在苦难中看到好玩、在正经中看到可笑的本领，怎么能保持生活的勇气！

千万不要低估幽默品质的价值，它是一个人的综合素质的体现，其中交织了开朗的性格、达观的胸怀、敏锐的智力、智慧的人生态度。倘若一个人的幽默品质在孩子时期得到鼓励和发展，所有这些素质的生长就获得了一个良好的开端。

孩子天然地具有幽默的倾向，但这种倾向需要得到鼓励，才能充分地展现出来，而这就是父母的责任了。有一些正经的父母，自己十分无趣，看见孩子调皮就加以责罚，听见孩子的有趣话语也无动于衷，我真为他们的孩子感到冤枉。在干旱的沙漠中，孩子的智性花朵过早地枯萎了。在沉寂的闷屋中，孩子的灵性笑声过早地暗哑了。如果一个孩子天赋正常却不会幽默，责任一定在大人。

（摘自《宝贝，宝贝》第二卷）

孩子的创造力

——答《父母》杂志问

问：您觉得您的创造力从哪里来？人怎样才能有非凡的创造力？您怎样培养自己的孩子的创造力？

答：创造力并不神秘，在我看来，它无非是在强烈的兴趣推动下的持久的努力。其中最重要的因素，第一是兴趣，第二是良好的工作习惯。通俗地说，就是第一要有自己真正喜欢做的事，第二能够全神贯注又持之以恒地把它做好。在这过程中，人的各种智力品质，包括好奇心、思维能力、想象力、直觉、灵感，等等，都会被调动起来，为创造做出贡献。

我的工作是写作。我一直认为，我的写作是从写日记开始的。上小学时，我就自发地写起了日记，热衷于把每日的经历、心情、感受记录下来。如果说我有一点儿所谓的写作能力，则完全是得益于这个保持到今的习惯。

现在的应试教育是创造力的大敌。因此，对我正在上小学的女儿，我着力于保护她尽量少受现行教育体制的危害，不让她上任何补习班、强化班，启发她轻分数而重理解，鼓励她读感兴趣的课外书。总之，如果说我对她有所培养，放在第一位的是超越应试的健康心态和快乐学习的能力，而不是知识本身，尤其不是分数。也许正因为如此，她反倒始终轻松地保持着全班优秀生的地位。

2007年7月

书中的育儿世界

女儿啾啾今年九岁，上小学四年级。从幼儿园开始，她就喜欢看书。我们从来没有特意教导她，督促她，她对书的喜爱，完全是自然而然产生的。

从两岁开始，每天晚上，她妈妈给她念一段童话故事，这成了她入睡前的必有节目。她非常爱听，如果哪天妈妈忘了，她必提醒，一天也不可缺。她就这样听完了《爱丽丝漫游奇境记》《安徒生童话》《格林童话》等许多经典童话故事，有的听了好几遍。有一回，她盯着妈妈正在念的书，问："妈妈，书上都是字，故事在哪里呀？"妈妈没法儿跟她解释清楚，只好说："宝贝以后认字多了，就知道了。"

其实，那时候，她已经能认一些字了。认字的过程也非常自然，玩看图识字的卡片，看碟时跟着声音看字幕，上街时问招牌上的字，诸如此类，当然认的字还不多，零星得很。

忽然有一天，我看见她自己捧着一本书，一边用手指着书上的字，一边大声朗读。一串又一串我听不懂的句子，可是，她念得非常投入，念了很久。自此以后，我发现她常常这样自得其乐地念书，所念的书则逐渐有了目标，往往是妈妈前一天晚上给她念的那一本，她找到才念过的地方，连猜带蒙，把书上的故事复诵一遍。

终于，有一天晚上，妈妈又要给她念书，她说："妈妈，你不要给我念了，你念了我再读就没有意思了。"原来，通过这样的过程，她认的字越来越多，基本上能够自己阅读了。这时候，她不到四岁。她随手翻到《骑鹅旅行记》的一页，念出上面的一条标题："斯莫兰的传说"。妈妈惊叹："你真行啊！"她感到奇怪，说："这里不是写着吗？"那个曾经有的困惑——"书上都是字，故事在哪里？"——已经自行消解。

通过女儿自己学会阅读的事例，我真切地看到，孩子天生有强烈的好奇心，有潜在的认知能力，只要给他们一个良好的环境，他们的天赋能力就会健康生长，结出果实。培养孩子的阅读能力和习惯，最重要的是保护和鼓励他们对书籍的兴趣，使他们感到阅读本身是一件无比快乐的事。最糟糕的做法是强迫他们学习，其结果只会适得其反，甚至使他们对读书永远心怀惧怕和敌意。

啾啾三岁时，好友于奇主持中国台湾作家幾米的绘本大陆版的出版事务，送给我一套书。刚拿到手，我就翻开其中一本，与啾啾同看。她指着一个变形的人物形象说："这个什么也不像的东西真好玩。"一语道破了艺术的真谛。接下来的那些天里，她成了最热情的幾米迷，整天坐在地毯上，摇头晃脑，高声朗读幾米的妙语。有一天早晨，她吃煎蛋，像往常一样不吃脆边，我劝她吃，说那个最好吃。她向我一字一顿大声宣布："不一样的脑袋有不一样的想法，不一样的眼睛有不一样的看法，不一样的嘴巴有不一样的说法。"我笑了，问她从哪儿学来的，她说是幾米的书里的。她可真会活学活用。幾米知道了自己在大陆有这么一个小粉丝，不久后，托于奇转送给她一本亲笔签名的新作。

我和妻子都喜欢读书，我们各人捧着一本书读，是啾啾天天看到的情景。我相信，这种氛围发生的潜移默化作用是最有效的。家里到处是书，她经常从书柜里抽出一本书来，随意地翻看。有一回，她抽出一本卡夫卡的短篇小说集《变形记》，看见封面上有叶廷芳的名字。叶廷芳也是我们的好友，她感到好奇，问："是叶爷爷写的？"我解释，是叶爷爷翻译的。她又问："整本书都是《变形记》？"我告诉她，《变形记》是其中的一篇。她表示想看一看，根据目录翻到了那一页，看了开头，立刻笑着说："一开头就变成甲虫了。"

童年不但是养成读书爱好的关键时期，也是形成读书品位的重要时期。我一向认为，读书的起点一开始就要高，应该为孩子提供适合其年龄的优质的书。啾啾五岁时，我订购了一套河北教育出版社出版的"世界名著之旅"丛书，放在她的书柜里，想看看她有什么反应。这套书共二十来册，都是根据名著缩写的，我翻了一下，觉得缩写得不错。我发现，她很快就对这套书发生了兴趣，在很短时间里读完了三本：《鲁滨孙漂流记》《苦儿流浪记》《八十天环游地球》。最早读的是《鲁滨孙漂流记》，但在三本中最晚读完，她说她害怕，终于读完以后，在笔记本上写了一句感想："很激动人心的故事，尤其是在无人岛上的时候。"我从不催她，她在一年多的时间里基本读完了这套书，最喜欢《堂吉诃德》，经常对我们说起里面的情节。在这之后，她最喜欢的书是卡尔维诺编的《意大利童话》，厚厚两大册，一千多页，反复读了好几遍，到了几乎能背诵的地步。她欣赏那种民间风格的幽默，随便你翻到哪一页，她立刻就能活灵活现地给你讲述相关的那个故事。

啾啾看书是非常专注的。经常的情况是，我自己在忙，突然想起很长时间没有听到她的声音了，到她的房间看，只见她坐在窗边，捧着一本书在读，我跟她说话，她一脸茫然，可见她的心还沉浸在书里。这情景真令人感动。有一回，她妈妈表示想看《战争与和平》，她从书柜里替妈妈找了出来。过了几天，她发现妈妈在看别的书，就问："你为什么不看《战争与和平》了？"妈妈说："我翻了一下，觉得别的书更好看，就看别的书了。"她说："你没有看进去。"真是一针见血啊。

有一本书，她从四岁到现在一直喜欢，就是《窗边的小豆豆》，也是百读不厌。一开始是妈妈读给她听，她听完后宣布："以后我也要写自己的事。"因为那本书有后记，她又加上一句："当然也要写后记的喽。"我借此机会叮嘱我的宝贝：说话要算数呀，爸爸就等着你兑现诺言啦。

在同龄的孩子里，啾啾肯定不算读书最多最用功的。我的有些朋友的孩子，年纪很小就读成人读的大厚本，能背诵许多古文。和他们比，啾啾仍显得孩子气。不过，我觉得这样挺好。在孩子智育的问题上，我有一颗平常心，不给她施加任何压力。我给她的只是一个布满书籍的环境，一种以读书为乐的氛围，如此足矣，其余皆顺其自然。智力的生长有自己的季节，何必揠苗助长呢。

2007年12月

第六辑

神圣的好奇心

让孩子真正喜欢上智力生活，

乐在其中，欲罢不能，

是智育的最大成功。

神圣的好奇心

　　天生万物，人只是其中一物，使人区别于万物的是理性。动物唯求生存，而理性不只是生存的工具，它要求得比生存更多。当理性面对未知时，会产生探究的冲动，要把未知变成知，这就是好奇心。好奇心是理性觉醒和活跃的征兆。在好奇心的推动下，人类仰观天象，俯察地理，思考宇宙，探索万物，于是有了哲学和科学。动物匍匐在尘土之中，好奇心把人类从尘土中超拔出来，成为万物之灵。

　　也许，正是在这个意义上，爱因斯坦把好奇心称为"神圣的好奇心"。

　　好奇心是人的最重要的智力禀赋之一。做父母的都会发现，孩子在幼儿期皆有强烈的好奇心，对事物充满探问的兴趣。我设想，倘若人人能把幼儿期的好奇心保持到成年，世界上会有多少聪明的大脑啊。

　　然而，这几乎是不可能的。如同爱因斯坦所说，"神圣的好奇心"

是一株脆弱的嫩苗，它是很容易夭折的。不说别人，就说这位大物理学家本人，他竟也有过好奇心险遭夭折的经历。他自己回忆，他十七岁进入苏黎世工业大学，为了应付考试，不得不把许多废物塞进自己的脑袋，其结果是在考试后的整整一年里，他对任何科学问题的思考都失去了兴趣。鉴于这个经历，他如此感叹道："现代的教学方法竟然还没有把研究问题的神圣好奇心完全扼杀掉，真可以说是一个奇迹。"

请不要用我们今天应试教育的严酷状况去推测爱因斯坦当年的处境，事实上，他不过是一年之中有两次考试而已，而且他告诉我们，他多数时间是自由的，仅在考试前借来了同学的课堂笔记，死记硬背以应付考试。尽管如此，他的智力兴趣仍然因此受到了严重伤害。

爱因斯坦得出结论说：好奇心这株嫩苗，除了需要鼓励外，主要需要自由，强制必然会损害探索的兴趣。

大约无须再把今天中国学生——从小学生一直到研究生——所受的强制与爱因斯坦当年所受的那一点儿强制作比较了吧。学校教育当然是不能完全排除强制性考试的，区别在于它在整个教育体制中所处的地位和所占的比重。如果强制性考试成为教学主要的乃至唯一的目的、方法、标准，便是典型的应试教育，而这正是我们今天的现实。

一般来说，好奇心会随着年龄增长而递减，这几乎是一个规律，即使在最好的教育制度下恐怕也是这样。那些能够永葆好奇心的人不啻是幸存者，而人类的伟大文化创造多半出自他们之手。唯因如此，教育必须十分小心地保护好奇心，为它提供良好的生长环境。我相信，像爱因斯坦这样的天才，其强大的智力禀赋足以战胜任何不良的外部环境，但普通人就没有这么幸运了，一种坏的教育制度的杀伤力几乎是摧毁性的。尤其在基础教育阶段，好奇心这棵嫩苗正处在生长的关键期，一旦受到摧残，后果很可能是不可逆的。

在教育上，好奇心体现为学习的兴趣。所谓兴趣，其主要成分就是智力活动的快乐，包括好奇心获得满足的快乐。一个人做事是出于兴趣，还是出于强制，效果大不一样。出于兴趣做事，心情愉快，头脑处于积极主动的状态，往往事半功倍。出于强制做事，心情沮丧，头脑处于消极被动的状态，往往事倍功半。做一般的事尚且如此，学习就更是如此了。因为学习是纯粹的智力活动，如果学生在学习中不能感受到智力活动本身的快乐，学习就会是百分之百的痛苦。遗憾的是，这正是今天多数学生的状况。

情况本来不该是这样的。人有智力禀赋，这种禀赋需要得到生长和运用，原是人性的天然倾向。学生之所以视学习为莫大的痛苦，原因恰恰在于，应试教育不但不是激活，反而是压抑智力活动的，本质上是反智育的。

兴趣应该是智育的第一要素，如果不能激发起学生对知识的兴趣，就谈不上素质教育。强调兴趣在教育中的意义，绝不意味着对学生放任自流。相反，这是一个很高的要求，为此教师必须自己是充满求知兴趣的人，并且善于对学生的兴趣差异予以同情的观察，发现隐藏在其后的能力，真正因材施教。教材也必须改革，提高其智力活动的含量，使之真正能够激发学生探索和思考的兴趣。比如说，哲学教材就不能只是一些教条，而应该能真正启迪学生爱智慧。相比之下，靠重复灌输和强迫记忆标准答案奏效的应试教育真是太偷懒也太省力了，当然，同时也无比辛苦，因为这是一种低水平的简单繁重劳动，教师自己从中也品尝不到丝毫智力乐趣，辛苦成了百分之百的折磨。

2010年11月

留住那个心智觉醒的时刻

一个五岁的男孩看见指南针不停转动，最后总是指向同一个方向。他心中顿时充满惊奇：没有一只手去拨动，怎么会发生这样的事呢？从这个时刻起，他相信事物中一定藏着某种秘密，等待着他去发现。爱因斯坦之成为伟大的科学家，就是从这个时刻开始的。在所有孩子的成长过程中，都会出现这样的时刻：好奇心觉醒了，面对成年人已经习以为常的世界，他们提出了绝大部分成年人没有想到也回答不了的问题。和好奇心一起，还有想象力和理解力，荣誉感和自尊心，心灵的快乐和痛苦。总之，人类精神的一切高贵禀赋也先后觉醒了。假如每个孩子生命中的这个时刻在日后都能延续下去，成为真正的起点，人类不知会拥有多少托尔斯泰、爱因斯坦、罗素。当然，这是不可能的，受心智的惰性、教育的愚昧、功利的驱迫、生活的磨难等原因影响，对于大多数人来说，儿童时代的这个时刻仿佛注定只是昙花一现，然后不留痕迹地消失了。但是，趁现在的孩子们正拥有着这个时刻，我们能否帮助他们尽可能多地留住它呢？

《诺贝尔奖获得者与儿童对话》所做的也许就是这样一件有意义的工作。不妨说，获奖者们正是一些幸运地留住了那个心智觉醒时刻的人，在那个时刻之后，他们没有停止提问和思考，终于找出了隐藏在事物中的某个或某些重大秘密。比如，1986年诺贝尔物理学奖得主宾尼希，在他小时候，由于父母不让他随便打电话，他就自己想办法，用两个罐头盒和一根紧绷的长绳子制作了一部土电话机。当孩子们能够用它在相邻房间清楚地通话时，他品尝到了成功的巨大快乐。后来他因研制可以拍摄到原子结构的扫描隧道显微镜而得奖，我相信这一成果与那部土电话机之间一定存在着某种联系。伟大的创造之路往往始于童年的某个时刻，不但科学家如此，其他领域的精神创造者很可能也是如此。1997年诺贝尔文学奖得主达里奥·福是一位大剧作家，他从小就喜欢和两个弟弟一起演戏给别的孩子看，不过当时他并不把这看作戏剧，而只是当作游戏。正是根据亲身经历，对于"究竟是谁发明了戏剧"这个问题，他给出了一个意味深长的答案：是儿童发明的，没有游戏就不会有戏剧，剧作家和演员不过是把儿童的游戏当作职业干的人而已。

　　为什么天空是蓝的？为什么树叶是绿的？为什么我们忘记一些事情而不忘记另一些事情？为什么有男孩和女孩？为什么1+1=2？为什么有贫穷和富裕？为什么会有战争？……这些诺贝尔奖获得者所回答的问题似乎都属于"十万个为什么"的水平，可是，请仔细想一想，不必说孩子，有多少大人能够说清楚这些貌似简单的问题？他们的讲述还表明，他们每个人的特殊贡献往往就是建立在解决某一简单问题的基础之上的，是那个简单问题的延伸和深化。关于科学家工作的性质，1986年诺贝尔化学奖得主波拉尼有一个生动的说法：和小说家一样，科学家也是讲故事的人，他们用自己讲的故事来为看似杂乱的事物寻找一种联系，为原因不明的现象提供一种解释。的确，在一定意义上，一切创造活动都是针对问题讲故事，是把故事讲得令人信服的努力。譬如说，自然科学是针对自然界的问题讲故事，社会科学是针对社会的问题讲故事，文学艺术是针对人生的问题讲故事，宗教和哲学是针对终极问题讲故事。我由此想到，我们不但要鼓励孩子提问题，而且要鼓励他们针对自己提的问题讲故事，通过故事给问题一个解答。是对是错无所谓，只要是在动脑筋，就能使他们的思考力和想象力得到有效的锻炼。

请诺贝尔奖获得者与儿童对话，这是一个有趣的构想。对诺贝尔奖获得者自己来说，这是向童年的回归，不管这些大师所发现的秘密在理论上多么复杂，现在都必须还原成儿童所能提出的原初的、看似简单的问题，仿佛要向那个儿童时代的自己做一个明白的交代。对读这本书的孩子们来说，这是很及时的鼓励，他们也许会发现，那些在成年人世界里备受敬仰的大师离他们却非常近，其实都是一些喜欢想入非非的大孩子。这本书当然未必能指导哪一个孩子在将来获得诺贝尔奖，但它可能会帮助许多孩子获得比诺贝尔奖更加宝贵的东西，那就是对提问权利的坚持、对真理的热爱和永不枯竭的求知欲，有了这些东西，他们就能够成长为拥有内在的富有和尊严的真正的人。

2003年4月

我曾经也是一个小读者

——《成为你自己：周国平寄小读者》序

二十一世纪出版社向我约稿，要我从迄今为止的作品中选出十来万字，编成一本给少儿读的书。这真是和我想到一块儿了，在约稿之前，我已经想要做这件事，并且列入了今年的工作计划。那么，我就说一说为什么我想要做这件事。

我自己也有过少儿时代，曾经也是一个小读者。那当然是老早的事了，但是，儿时的求知渴望，少年的惆怅心情，仿佛仍在我心灵深处的某个角落里潜藏着，我是一点儿不陌生的。我一路走来，走了人生大半路程，离那个从前的男孩越来越远。然而，我有一个感觉，我觉得自己好像一路都在和那个男孩做伴，与他交谈，不断地把我的所见所闻和所感所思告诉他，听取他的回应。我诚然比他成熟，也许可以教他，但他不只是我的学生，他那么纯真、敏感，本能地厌恶一切空话和假话。深藏在我心中的少儿时代同时也是一个良师，一直在检查我的作业，督促我做一个诚实的思想者和写作者。

你们一定想到了，那个良师不只在我的心中，也在我的眼前，那就是你们，我的小读者。在你们面前，一个作家必须诚实，你们不屑于理睬任何的故弄玄虚、牵强附会和言不由衷。我多么希望我的作业能够经得住你们的检查。当然，如果作业是合格的，应该也能使你们受益。

那个从前的男孩一路走来，走到了今天的时代，垂垂老矣。如果那个男孩晚生几十年，今天仍是一个孩子，处在这个竞争激烈的时代，他肯定会比当年更感到迷惘，有更多的困惑。我多么爱他，凭我的人生阅历和思考，我能给他一些什么指点呢？在选编这本书时，我作如是想，斟酌再三，由此形成了一个思路。全书分五辑，实际上是我认为一个涉世不深的人在今天这个时代最容易迷失、因此最应该珍视的五种价值，这就是——

一、成为你自己——我愿他不受外界时尚和潮流的支配，有真实的自我；

二、爱使人富有——我愿他的心不在社会的竞争中变得冷漠，有丰盈的爱心；

三、向教育争自由——我愿他能抵御现行教育的弊端，做学习的主人，有活泼的心智；

四、生命中不能错过什么——我愿他的真性情不被物欲污染，保持本色的生命；

五、人的高贵在于灵魂——我愿他做人有道德，处世有理想，有高贵的灵魂。

你们一定想到了，这也是我对你们的希望，因为你们就是生活在今天的那个少儿时代的我，你们还是今天的我的孩子，我爱你们，我的小读者。

2010年5月

思考比知道重要

　　人的理性能力是天赋的，在幼儿期，这个能力觉醒了并且迅速活跃起来了。早晨是人一天中精神最好的时候，幼儿期就是人的理性能力的早晨，是人一生中智力生长的黄金时段。

　　人的智力素质中，最重要的因素是好奇心、注意力、观察力、思考力、理解力、想象力，等等，而这些因素实际上是互相勾连、同生共长、相辅相成的，其间并无明确的界限。说到底，根子只是一个，就是天赋的理性能力，它们都是理性能力活跃的不同表征。因此，最根本的智力教育就是提供一个良好的环境，足以鼓励、促使、帮助孩子的理性能力保持在活跃的状态。做到了这一点，上述各种智力因素的蓬勃生长完全是自然而然的事。

　　在智力教育中，最不重要的是知识的灌输。当然可以教孩子识字和读书，不过，在我看来，这至多是手段，绝不可当作教育的目标和标准，追求孩子识多少字和背多少古诗，甚至以此夸耀，那不但可笑，而且可悲。教授知识的方法是否正确，究竟有无价值，完全要看结果是激发了还是压抑了孩子的求知兴趣。活跃的理性能力是源头，源头通畅，就有活水长流；源头干涸，再多的知识也只是死水。

对于孩子的智力教育，我不是一个很用心思的家长，没有什么周密的计划。不过，我比较有心，会留意孩子的智力闪光，及时给予赞扬和肯定。事实上，幼儿理性觉醒的能量是非常大的，一定会有好奇、多问、爱琢磨等表现，所需要的只是加以鼓励，给她（他）一个方向，使她知道这些都是好品质，从而满怀信心地继续发扬。在我看来，倾听、重视、鼓励孩子的发问，和孩子进行平等的讨论，培养孩子独立思考的兴趣和能力，是父母在孩子的智力教育方面所能做的最有价值的工作。相反，倘若对于自然生长的智力品质视而不见，却另外给她规定一套人为的标准，她在智力发展的路上就难免左右失据、事倍功半了。

我在女儿智力教育方面所做的主要事情，就是重视她的发问、疑惑和思考，和她进行平等的讨论。也许有人会认为这不算智力教育，不妨见仁见智，反正在我的概念中，没有比和孩子一起讨论她所感兴趣的问题更重要的智力教育了。作为一个父亲，我深感童言有真知，我从女儿那里受到的启发绝不亚于我给她的帮助。在智力的层面上，父母和孩子之间绝非单向传授的关系，而是一个充满乐趣的互动过程。

（摘自《宝贝，宝贝》第三卷）

素质是熏陶出来的

在我们家里，最多的东西是书，满壁都是书柜，总有好几万册吧。我和妻子的日常生活就是看书。我几乎不看电视，妻子也就看看球赛，偶尔看一两部电影。除了收发邮件，我们都基本不上网。在这样的氛围中，啾啾喜欢看书和学习，是再自然不过的事了。她看电视也很少，小时候看动画片，上学后连动画片也不怎么看了，因为课余的时间太有限，她要省着用，看她喜欢的书。至于网瘾之类，对于她就是一个遥远的传说了。

在学习上，啾啾是完全不用我们操心的，她乐在其中，自己就把一切安排好了。每天放学回来，她就坐在她房间里的桌前，自己在那里忙活。做作业是丝毫不需要督促的，做完了作业，就自己想出一点儿事来做。我们不给她报任何课外班，也无须操心她的功课，但她的学习成绩始终优秀，可见只要真正注重素质的培养，应试会是相当轻松的事。她的班主任多次问我："你们是怎么教的？"我心想，我们没有怎么教呀。如果一定要找原因，大约是得益于熏陶吧。

我深信，熏陶是不教之教，是最有效也最省力的教育，好的素质是熏陶出来的。当然，所谓熏陶是广义的，并不限于家庭的影响。事实上，养成了阅读的习惯，也就开辟了熏陶的新来源，能够从好书中受到熏陶，这是良性循环，就像那些音乐家的孩子，在受到父母的熏陶之后，又从音乐中受到了进一步的熏陶一样。

　　也许有人会说：你是读书人，能给孩子以熏陶，普通人怎么办？我认为，从根本上看，对孩子的教育取决于父母的价值观，而不是职业和文化水平。天下父母都爱孩子，一切忙碌都直接地或间接地是为了孩子，如果你在这样的忙碌中经常能安静片刻，好好和孩子待在一起，去发现、欣赏和鼓励孩子的智力闪光，你的孩子一定也会越来越聪明。当然，要具备教育孩子的能力，父母自己的确需要提高。从做父母的那一天起，人生便向你提出了新的更高的要求，比如说，你至少可以在下班后少看一点儿电视，不给孩子树一个坏榜样吧？

（摘自《宝贝，宝贝》第三卷）

智育的目标

智育的目标是培育自由的头脑，而不只是灌输知识。最重要的智力品质，一是好奇心，对世界、事物和知识充满兴趣；二是独立思考的能力，对自己感兴趣的问题，一定要用自己的头脑想明白，得出可靠的结论。在初级和基础教育阶段，好奇心的保护和鼓励尤其重要。孩子理性开始觉醒的时候，好奇心是最活跃的，这个时候如果受到压制和挫伤，后果就会很严重。兴趣是学习的内在动力，学习有没有成效，首先取决于有没有兴趣。如果一个学生对学习始终没有兴趣，就基本上没有学好的希望了。

爱因斯坦回忆他对科学发生兴趣的经历，最早是在五岁的时候，他父亲送给他一个指南针，他玩的时候很惊讶：我的手并没有碰那根针，为什么它会动，总是回到同一个方向。他说当时他就产生了一个感觉，觉得事物内部藏着一个秘密，等待他去找出来。这种感觉实际上就是一种科学探索的冲动。第二个契机是十三岁的时候，学平面几何，那些证明题，他又感到非常惊奇，在图形上看不出来的关系，但是你可以很精确地证明出来。我学平面几何的时候也是这个感觉，上中学的时候，我最喜欢的功课是数学，解几何题让我非常入迷，我觉得不完全是逻辑思维，里面有一种理性的直觉，这个感觉真的魅力无穷。

好奇心这么重要，但是正如爱因斯坦所说的，它是一棵脆弱的嫩苗，很容易被扼杀掉，他说我们的教育竟然没有把它完全扼杀掉，这简直是一个奇迹。其实欧洲的教育体制是比较注重兴趣和独立思考的，但是这确实是一个难题，不要说我们这种应试主导的教育体制，凡是体制性的、机构性的教育，都面临着这个难题，就是在有统一教材和方案的情况下，如何保护好奇心，尽可能少地损害不同个人的禀赋和兴趣。像爱因斯坦这样的天才是任何教育体制都压不住的，能够冲破任何体制的束缚自学成才。但是一般学生就不是这样了，体制的伤害可能是致命的。我们现在的应试体制就是这样，我觉得至少有两点是必须改变也可以改变的。第一是功课太重。我的孩子在上初中，功课负担已经很重了，每天放学回家要花近两个小时做作业，做完作业就该睡觉了，根本没有多余时间来发展自己的兴趣。其实，作业中有很大部分是没有多少智力含量的简单劳动，完全可以精简。所以，第二就要改变教学内容和方法，提高功课的智力含量，让学生对功课本身也有兴趣。一方面功课本身是让人有兴趣的；另一方面在功课之外有余暇发展自己的兴趣，这才是好的智力教育。

英国哲学家怀特海有一本书叫作《教育的目的》，书中谈到，从儿童一开始接受教育起，就应该让他们体验到智力活动的快乐。最应该让孩子们在学习中得到的东西，就是好奇心的激发和满足，品尝到智力活动本身的快乐，真正喜欢上智力生活，乐在其中，欲罢不能，从此养成智力活动的习惯。这是智育的主要目标，也是判断智育成功与否的主要标准。

具体地说，智力教育的重点是培养学生的两个能力。一个是快乐学习的能力，学习本身就是快乐，喜欢学习。另一个是自主学习的能力，不但喜欢学习，而且能够根据自己的兴趣安排自己的学习。这一点到大学更加重要，大学基本应该是自学，但底子是在中学里打下的，如果在中学阶段已经具备了一定的自学能力，到大学里就自由了，就能真正按照自己的目标来学习了。这两个能力是一笔终生的财富。人是要一辈子学习的，不必说小学、中学和大学本科，即使研究生毕业了，那也只是一个开头，以后就靠你自己了。如果你在学生阶段没有养成这两种能力，出了校门，你的学习就停止了，不会再有什么长进。相反，如果在学生阶段养成了这两个能力，喜欢学习，并且能够自主学习，这样的学生将来一定能够找到自己最擅长的领域，有自己真正的事业，他的成功会是有质量的，而这将成为他的人生幸福的一个重要方面。

2012年3月

从小培养主动学习的兴趣和能力

——邓琳采访周国平

邓：周国平先生，你好，我是北京景山学校《通讯》的小记者。大家都知道你很有名，你是著名的学者、大思想家，因为你写了很多好的作品。尽管我没有看过你写的书，可我妈妈很喜欢看你写的书，她也给我讲过里面的故事。所以我想采访你一下，问一些关于小学生学习的问题，你同意吗？

周：好的，我很高兴，这是我生平所接受的一次最特别的采访，我相信一定非常有趣。不过，我要纠正你一下，我不是大思想家，最多是一个小思想家。你爸爸告诉我，当你听说我是个有名的人的时候，你惊奇地说，你还以为我是一个小人物呢。其实你的以为是对的，反正我不是一个大人物。当然，小人物同样可以思考，就像有些大人物并不思考一样。

邓：第一个问题是，你小时候是怎样学习的？

周：这个问题问得好，这么多记者采访过我，没有问过这么深刻的问题。你想，每一个人都是从小变大的……

邓：啊哟，这个我知道。

周：可是，许多大人忘记了这一点，忘记了自己是从小时候走过来的，忘记了小时候是成长的起点，是人生非常重要的阶段。我也和所有的大人一样，很少去想小时候的事，所以我要谢谢你提醒我去想。

邓：可是你说了半天还没有说到正题呀。

周：好吧，我就说。我上小学时学习不算特别用功。我不知道你们现在有没有《学生手册》一类的东西，每个学期老师要在上面写评语。

邓：有，有。

周：我们那时候也有，每个学期老师给我写的评语都有一条，就是上课爱做小动作。

邓：我上课也爱做小动作。

周：不过，我有一条优点，就是喜欢看课外书。

邓：我也喜欢看课外书。

周：那我们太相像了。上课做小动作当然是缺点，毕竟会影响听课，老师是有理由批评我们的。但是，比较起来，爱看课外书这个优点重要得多，我后来的全部所谓成就都是从这个优点发展来的。

邓：第二个问题是，你小时候的学习对你现在的成功是有帮助还是没有帮助？

周：我刚才说了，对我特别有帮助的是爱看课外书这一点。我从小养成了这个习惯，一直到中学、大学和从学校毕业之后都保持了下来，这样就逐渐形成了自己感兴趣的方向。我觉得，一个人有没有自己真正感兴趣的领域，这是非常重要的，因为一个人只有喜欢一件事，才会有主动性和创造性，想方设法要把它做好。如果只是跟着老师和课本走，对别的都不感兴趣，这样的人功课再好，将来也不会有大的出息。所以，从学校和老师来说，最重要的也不是讲授知识，而是培养学生对知识的兴趣。记得有人说过一句很聪明的话，意思是说：什么是教育？你把你学到的东西都忘掉了，剩下的东西就是教育。学到的具体知识，如果不经常用，是很容易忘掉的。那个忘不掉的剩下的东西是什么？我想就是一种主动学习的兴趣和能力，如果你在学生时代获得了这个东西，就会终身受益。

邓：我问第三个问题。我们现在在学习上有个困难，就是家庭作业很多，但是同学们又想看一些自己感兴趣的、能增长知识的书，这该怎么办呢？我有一个办法，就是尽快把作业完成，再看那些书。你觉得这个办法好吗？你有什么更好的办法介绍给我们吗？

周：在现有的情况下，你这个办法也许是最好的办法，可能也是唯一的办法。

邓：有什么窍门吗？

周：我觉得没有什么窍门。不完成作业，老师不答应呀。

邓：那么，有些同学作业写得慢，是不是就没有时间看课外书了？

周：是啊，所以，在这个问题上，老师和同学应该互相商量，把作业限制在确实必要的数量上，让那些作业写得慢的同学也有时间看点儿课外书，作业写得快的同学当然就能看更多的课外书了。我觉得，一个合理的教学方案应该使绝大多数学生都能够不太吃力地完成功课，尽可能给他们留出自由支配的时间，那正是他们发展个性的天地。

邓：第四个问题是，我们学习的时代和你小时候不一样，你那时候没有电视和电脑，现在有了这些东西，有的同学就会着迷于看电视、玩电脑，而影响了学习。你认为应该怎么解决这个问题呢？

周：这可是一个难题。我们小时候当然没有这些东西啦，不过，那时候有别的让我们着迷的东西。不管时代怎样不同，是孩子都爱玩，玩起来不加节制都会影响学习，所以都有一个培养意志力的问题。还有一个问题就是玩什么，怎么玩，我主张一种主动的玩，就是把玩和学习结合起来，在玩的同时刺激了求知欲，启迪了智慧。在多数情况下，看电视、玩电脑游戏是一个被动的过程，往往消磨了大量时间，所获却极小。所以，如果我是家长，我一定会在这方面对自己的孩子进行限制。

邓：为什么我爸爸不爱看电视？

周：我和你爸爸一样，也不爱看电视。

邓：那为什么我妈妈就爱看电视呢？

周：这个问题你应该问你妈妈呀。我有一个印象，一般来说，好像妈妈们比爸爸们爱看电视。

邓：最后，我想请你给我们提一些希望和建议，好吗？

周：第一希望你们身体健康。

邓：现在是谈学习，不是谈身体。

周：没有好的身体，你能好好学习吗？

邓：不能。

周：你看你爸爸现在天天打网球，把身体练得这样结实，工作效率就比以前高多了。你们也一样，有了好的身体，才能持久地有效地学习。第二呢，希望你们心情愉快，多到大自然中去，永远对阳光下的广阔世界充满好奇心，不要总是关在屋子里做作业、看电视。第三就是我说过的要多读课外的好书，培养主动学习的兴趣和能力。

邓：谢谢，我代表我们学校的学生向你表示感谢，因为你很忙，还抽出宝贵的时间来接受我的采访。

周：我也谢谢你来采访我，请你替我转达对你的同学和老师的问候。

2001年4月

第七辑

心灵的培育

说孩子懂的话，
不要说孩子不懂的话，
这是一个基本的要求。

怎样教孩子处世做人

——接力出版社"飞罗告诉我"丛书序

孩子都爱发问。爱发问的孩子是聪明的孩子，这说明他的小脑瓜在思考，他看见了一些令他惊奇或困惑的现象，要寻求答案。这正是父母对孩子进行启发式教育的良机。如果你是聪明的父母，你一定会抓住这个机会，仔细倾听孩子的问题，和他进行平等的讨论，切磋相关的道理。有的家长不喜欢孩子发问，总是不耐烦地顶回去，或者给一个简单的答案了事。这样的家长是最笨的家长，而且可能会扼杀孩子的好奇心，使孩子变得和他一样笨。

千万不要小看孩子提的问题，你要给他解释清楚还真不容易呢。比较起来，最容易回答的是知识性的问题，当然，前提是你具备有关的知识，并且善于根据孩子的理解能力进行讲解。特别难回答的问题有两类，一类是哲学性的，另一类是社会性的。哲学性的问题，即对宇宙和人生的追根究底的发问，原本没有标准答案，因此最佳方式是仅仅给予鼓励，使孩子的思考保持在活泼的开放的状态。社会性的问题，源于孩子与人打交道时产生的困惑，随着年龄增长，与社会接触增多，这类问题会大量涌现。怎么应对这类问题，正是我们现在要着重探讨的。

孩子幼小时，一直生活在父母羽翼的庇护之下，自由自在，无忧无虑。上小学后，情况大变，一下子进入了某种带有强制性的秩序之中，以及某种相对陌生的人际关系之中。他会遭遇许多矛盾，他的极其有限的经验完全不足以对付，因而疑惑丛生。事实上，他已经开始面对如何处世做人这个大问题了。细究起来，最基本的矛盾是个人自由和社会规则之间的矛盾，而这正是贯穿人类社会经济、政治、法律、道德领域的核心问题。在这个问题上，最困难的是如何把握好二者的度，各个学派对此亦是众说纷纭。对于个人来说，个性与社会性的冲突也是贯穿终生的，而儿童时期是其肇始，打下一个正确解决的基础是特别重要的。怎样让孩子既能自由成长，又能适应社会，这同样是令父母们苦恼的问题。我想强调的是，父母在引导孩子思考这类问题时，也要把握好度，不可把孩子教育成小绵羊，盲目服从社会的成规。正确的目标是，让孩子既能明白公共生活的若干基本准则，培养自制、友爱、仁慈等美德，又能学会分析复杂的社会现象，坚持独立思考，培养自信、勇敢、正义等美德。

这套童书侧重的正是孩子的社会性发问，以期让孩子懂得处世做人的基本道理。主角菲卢是一个六岁半的男孩，恰好处在开始产生社会性困惑的年龄。作者设计了这个年龄段容易发生疑惑的若干问题，比如：我可以打架吗？我可以撒谎吗？我可以不遵守规则吗？要是我不去上学会怎么样？为什么我不能当头儿？每册书针对其中一个问题，父母给菲卢讲道理。有趣的是，就像孩子在这种场合一般会表现的那样，菲卢对父母讲的道理常常不服气。可是，到了晚上，回到自己的房间，他的好朋友——一只名叫飞罗的鸟——就会来找他，而在与飞罗的交谈中，他就慢慢想通了。按照我的理解，这个飞罗其实就是菲卢，是他的那个理性的自我。因此，与飞罗的交谈实际上是菲卢的内心对话。这就告诉我们，父母讲道理讲得好，会起到一个最重要的作用，就是促进孩子那个内在的理性自我觉醒，自己进一步去思考，从而逐渐具备独立解决所遇到的社会性难题的能力。

2012年2月

第一重要的是做人

　　人活世上，除吃睡之外，不外乎做事情和与人交往，它们构成了生活的主要内容。做事情，包括为谋生需要而做的，即所谓本职业务，也包括出于兴趣、爱好、志向、野心、使命感等而做的，即所谓事业。与人交往，包括同事、邻里、朋友关系以及一般所谓的公共关系，也包括由性和血缘所联结的爱情、婚姻、家庭等关系。这两者都是人的看得见的行为，并且都有一个是否成功的问题，而其成功与否也都是看得见的。如果你在这两方面都顺利，譬如说，一方面事业兴旺，功成名就；另一方面婚姻美满，朋友众多，就可以说你在社会上是成功的，甚至可以说你的生活是幸福的。在别人眼里，你便是一个令人羡慕的幸运儿。如果相反，你在自己和别人心目中就都会是一个倒霉蛋。这么说来，做事和交人的成功似乎应该是衡量生活质量的主要标准了。

　　然而，在看得见的行为之外，还有一种看不见的东西，依我之见，那是比做事和交人更重要的，是人生第一重要的东西，这就是做人。当然，实际上做人并不是做事和交人之外的一个独立的行为，而是蕴含在两者之中的，是透过做事和交人体现出来的一种总体的生活态度。

就做人与做事的关系来说，做人主要并不表现于做的什么事和做了多少事，例如是做学问还是做生意，学问或者生意做得多大，而是表现在做事的方式和态度上。一个人无论做学问还是做生意，无论做得大还是做得小，他做人都可能做得很好，也都可能做得很坏，关键就看他是怎么做事的。学界有些人很贬薄别人下海经商，而因为自己仍在做学问就摆出一副大义凛然的气势。其实呢，无论商人还是学者中都有君子，也都有小人，实在不可一概而论。有些所谓的学者，在学术上没有自己真正的追求和建树，一味赶时髦，抢风头，唯利是图，骨子里比一般商人更是一个市侩。

从一个人如何与人交往，尤能见出他的为人。这倒不在于人缘好不好，朋友多不多，各种人际关系是否和睦。人缘好可能是因为性格随和，也可能是因为做人圆滑，本身不能说明问题。在与人交往上，孔子最强调一个"信"字，我认为是对的。待人是否诚实无欺，最能反映一个人的人品是否光明磊落。一个人哪怕朋友遍天下，只要他对其中一个朋友有背信弃义的行径，我们就有充分的理由怀疑他是否真爱朋友，因为一旦他认为必要，他同样会背叛其他的朋友。"与朋友交而不信"，只能得逞一时之私欲，却是做人的大失败。

做事和交人是否顺利，包括地位、财产、名声方面的遭际，也包括爱情、婚姻、家庭方面的遭际，往往受制于外在的因素，非自己所能支配，所以不应该成为人生的主要目标。一个人当然不应该把非自己所能支配的东西当作人生的主要目标。一个人真正能支配的唯有对这一切外在遭际的态度。简言之，就是如何做人。人生在世最重要的事情不是幸福或不幸，而是不论幸福还是不幸都保持做人的正直和尊严。我确实认为，做人比事业和爱情都更重要。不管你在名利场和情场上多么春风得意，如果你做人失败了，你的人生就在总体上失败了。最重要的不是在世人心目中占据什么位置，和谁一起过日子，而是你自己究竟是一个什么样的人。

1996年10月

人的高贵在于灵魂

　　法国思想家帕斯卡尔有一句名言："人是一株有思想的芦苇。"他的意思是说，人的生命像芦苇一样脆弱，宇宙间任何东西都能置人于死地。可是，即使如此，人依然比宇宙间任何东西高贵得多，因为人有一颗能思想的灵魂。我们当然不能也不该否认肉身生活的必要，但是，人的高贵却在于他有灵魂生活。作为肉身的人，并无高低贵贱之分。唯有作为灵魂的人，由于内心世界的巨大差异，才分出了高贵和平庸，乃至高贵和卑鄙。

　　两千多年前，罗马军队攻进了希腊的一座城市，他们发现一个老人正蹲在沙地上专心研究一个图形。他就是古代最著名的物理学家阿基米德。他很快便死在了罗马军人的剑下，当剑朝他劈来时，他只说了一句话："不要踩坏我的圆！"在他看来，他画在地上的那个图形是比他的生命更加宝贵的。更早的时候，征服了欧亚大陆的亚历山大大帝视察希腊的另一座城市，遇到正躺在地上晒太阳的哲学家第欧根尼，便问他："我能替你做些什么？"得到的回答是："不要挡住我的阳光！"

在他看来，面对他在阳光下的沉思，亚历山大大帝的赫赫战功显得无足轻重。这两则传为千古美谈的小故事表明了古希腊优秀人物对于灵魂生活的珍爱，他们爱思想胜于爱一切包括自己的生命，把灵魂生活看得比任何外在的事物包括显赫的权势更加高贵。

珍惜内在的精神财富甚于外在的物质财富，这是古往今来一切贤哲的共同特点。英国作家王尔德到美国旅行，入境时，海关官员问他有什么东西要报关，他回答："除了我的才华，什么也没有。"使他引以自豪的是，他没有什么值钱的东西，但他拥有不能用钱来估量的艺术才华。正是这位骄傲的作家在他的一部作品中告诉我们："世间再没有比人的灵魂更宝贵的东西，任何东西都不能跟它相比。"

其实，无须举这些名人的事例，我们不妨稍微留心观察周围的现象。我常常发现，在平庸的背景下，哪怕是一点儿不起眼儿的灵魂生活的迹象，也会闪放出一种很动人的光彩。

有一回，我乘车旅行。列车飞驰，车厢里闹哄哄的，旅客们在聊天、打牌、吃零食。一个少女躲在车厢的一角，全神贯注地读着一本书。她读得那么专心，还不时地往随身携带的一个小本子上记些什么，好像完全没有听见周围嘈杂的人声。望着她仿佛沐浴在一片光辉中的安静的侧影，我心中充满感动，想起了自己的少年时代。那时候我也和她一样，不管置身于多么混乱的环境，只要拿起一本好书，就会忘记一切。如今我自己已经是一个作家，出过好几本书了，可是我却羡慕这个埋头读书的少女，无限缅怀已经渐渐远逝的有着同样纯正追求的我的青春岁月。

每当北京举办世界名画展览时，便有许多默默无闻的青年画家节衣缩食，自筹旅费，从全国各地风尘仆仆来到首都，在名画前流连忘返。我站在展厅里，望着这一张张热忱仰望的年轻的面孔，心中也会充满感动。我对自己说：有着纯正追求的青春岁月的确是人生最美好的岁月。

若干年过去了，我还会常常不由自主地想起列车上的那个少女和展厅里的那些青年，揣摩他们现在怎样了。据我观察，人在年轻时多半是富于理想的，随着年龄增长就容易变得越来越实际。由于生存斗争的压力和物质利益的诱惑，大家都把眼光和精力投向外部世界，不再关注自己的内心世界。其结果是灵魂日益萎缩和空虚，只剩下了一个在世界上忙碌不止的躯体。对于一个人来说，没有比这更可悲的事情了。我暗暗祝愿他们仍然保持着纯正的追求，没有走上这条可悲的路。

1996年10月

善良·丰富·高贵

如果我是一个从前的哲人，来到今天的世界，我会最怀念什么？一定是这六个字：善良、丰富、高贵。

看到医院拒收付不起昂贵医疗费的穷人；看到商人出售假药和伪劣食品；看到矿难频繁，矿主用工人的生命换取高额利润；看到经常发生的凶杀案，往往为了很少的一点儿钱或一个很小的缘由夺走一条命，我为人心的冷漠感到震惊，于是我怀念善良。

善良，生命对生命的同情，多么普通的品质，今天仿佛成了稀有之物。中外哲人都认为，同情是人与兽的区别的开端，是人类全部道德的基础。没有同情，人就不是人，社会就不是人待的地方。人是怎么沦为兽的？就是从同情心的麻木和死灭开始的，由此下去可以干一切坏事，成为法西斯，成为恐怖主义者。善良是区分好人与坏人的最初界限，也是最后界限。

看到今天许多人以满足物质欲望为人生唯一目标，全部生活由赚钱和花钱两件事组成，我为人们的心灵的贫乏感到震惊，于是我怀念丰富。

丰富，人的精神能力的生长、开花和结果，上天赐给万物之灵的最高享受，为什么人们弃之如敝屣呢？中外哲人都认为，丰富的心灵是幸福的真正源泉，精神的快乐远远高于肉体的快乐。上天的赐予本来是公平的，每个人天性中都蕴含着精神需求，在生存需要基本得到满足之后，这种需求理应觉醒，它的满足理应越来越成为主要的目标。那些永远折腾在功利世界上的人，那些从来不谙思考、阅读、独处、艺术欣赏、精神创造等心灵快乐的人，他们是怎样辜负了上天的赐予啊，不管他们多么有钱，他们是度过了怎样贫穷的一生啊。

看到有些人为了获取金钱和权力毫无廉耻，可以干任何出卖自己尊严的事，然后又依仗所获取的金钱和权力毫无顾忌，肆意凌辱他人的尊严，我为这些人的灵魂的卑鄙感到震惊，于是我怀念高贵。

高贵，曾经是许多时代最看重的价值，被看得比生命还重要，现在似乎很少有人提起了。中外哲人都认为，人要有做人的尊严，要有做人的基本原则，在任何情况下都不可违背，如果违背，就意味着不把自己当人了。今天的一些人就是这样，不知尊严为何物，不把别人当人，任意欺凌和侮辱，而根源正在于他没有把自己当人，事实上你在他身上也已经看不出丝毫人的品性。高贵者的特点是极其尊重他人，他的自尊正因此得到了最充分的体现。人的灵魂应该是高贵的，人应该做精神贵族，世上最可恨也最可悲的岂不是那些有钱有势的精神贱民？

我听见一切世代的哲人在向今天的人们呼唤：人啊，你要有善良的心，丰富的心灵，高贵的灵魂，这样你才无愧于人的称号，你才是作为真正的人在世间生活。

善良、丰富、高贵——令人怀念的品质，人之为人的品质，我期待今天更多的人拥有它们。

2006年8月

美育的目标

美育的目标是培育丰富的心灵，而不只是训练技艺，比如弹琴、画画之类。现在很多家长让孩子学这些，目的非常功利，就是为了以后多一条出路，或者是小升初、上高中有一个特长生证书，这都扭曲了美育的本义。人不但有认识能力，而且有感受能力，美育是要让你的感受能力得到很好的生长，让心灵变得丰富。

人生最值得追求的是优秀和幸福，而感受能力对于优秀和幸福都很重要。从优秀来说，人的感受能力，包括直觉、想象力、感觉的敏感度、内心体验的丰富度，是人的创造力的重要源泉。不必说人文和艺术领域，即使你是从事哲学或科学研究的，也不能仅仅靠理性思维，如果直觉能力和感受能力不好，是不会有多大成就的。从幸福来说，一个人感受能力好、心灵丰富，就是在自己身上有了一个快乐的源泉。一个心灵丰富的人是不怕独处的，他自己一个人待着也是享受。有的人是很怕自己一个人待着的，其实很可怜，连自己都不喜欢自己。一个人应该喜欢自己，这个自己是丰富的，你就会喜欢，所以要让自己丰富起来。

怎么样让自己丰富起来？阅读是最主要的途径。少年时代是培养阅读习惯和品位的最关键时期，我回忆自己就是从中学开始对课外阅读产生强烈兴趣的，读了很多课外书。我提出一个概念，叫作青春期的阅读，青春期的孩子一旦爱上了书籍，阅读就真的有一种恋爱的感觉，纯粹而又陶醉，那种幸福感不亚于真正去谈恋爱。一个人在少年时代有没有这个经历，会影响到一生。那些品尝过青春期阅读的快乐的学生，我相信他们就会从此养成读书的习惯，因为他们绝不愿意放弃那种快乐。相反，没有品尝过这种快乐的人，错过了那个阶段，再也没有机会体验这种纯粹又陶醉的阅读了，就有可能成为一个一辈子不读书的人。所以，一定要给孩子们的课外阅读留出时间，如果让他们疲于应付功课，完全没有时间读课外书，这个损失对他们来说也许是无法弥补的。

的确有很多人走出校门以后基本上不读书了，最多读一些畅销书或者实用类的书，没有严格意义上的阅读，这是很可悲的，人生的幸福少了一大块。人类创造了许多物质财富，包括科技的成果，电脑和手机越来越先进，我们都愿意去享受，但是人类还创造了这么多精神财富，它们主要的保存方式就是书籍，我们不去享受就太可惜了。对今天的青少年来说，这是一个严重的问题，新媒体的诱惑力太大，随时手机上网，看八卦，看快餐小说，聊天，如果有课余时间也都被占用了。我认为这只是在享用物质性的科技成果，不是在享用精神财富。也许没有什么好办法，只能引导，我相信好的书籍的魅力无穷，关键是要创造条件让他们感受到这个魅力，他们自己会作出比较的。

要让心灵丰富起来，还有一个重要途径是写作。我说的是那种为自己的写作，就是珍惜自己的经历。自己在经历中的感受和思考，如实地把它们记录和保存下来。这实际上就是写日记。如果说阅读是把人类创造的精神财富占为己有，那么，写日记就是把自己的外部经历变成内在财富。一个养成了写日记的习惯的人，他会感觉自己的人生是完整的，自己的心灵是完整的。最好是从小就养成这个习惯，我自己是上小学就开始写的，从高一开始几乎天天写。从中学到大学，其实我只有两门主课，一个是读课外书，一个是写日记，课内的东西都不是我的主课。我特别提倡中学生写日记，而且不要对付，要很认真地写。不过，这需要时间，所以同样的问题发生了，现在的中学生既没有时间读课外书，也没有时间认真地写日记。和他们比，我真的觉得我们当年要幸福得多。

2012年3月

兴趣为王

幼儿都会表现出艺术上的某种兴趣和能力，比如绘画、音乐、舞蹈等，但这并不意味着人人长大了都要成为艺术家，都能成为艺术家。做艺术家必须有天赋，而单凭幼儿期的兴趣是不能断定有天赋的。幼儿期艺术活动的真正价值在于，它是心智发育的一个重要方面，能使幼儿的感受力、想象力、表现力、创造力得到良好生长。这本身就是重大收获，不管孩子将来从事什么职业，这个收获都会在她（他）的工作和生活中体现出来。

所以，对于啾啾在艺术方面表现出来的兴趣，我都给予热情的鼓励，至于将来的发展会如何，则完全不予考虑。我的原则是：兴趣为王，快乐生长。她喜欢就行，高兴就行，一切顺其自然。是否在课外学点儿什么，学多久，也根据她的兴趣来决定。当然，要知道有没有兴趣，必须给她机会，让她尝试，并且要经过相当时间的观察。在学习一种艺术的过程中，孩子的情绪可能会出现波动，这时不要轻易放弃，不妨看一段时间再下结论。一旦发现她确实没有兴趣，就果断放弃，决不强迫她继续学。在我看来，长期强迫孩子学习一门艺术，是完全违背艺术的本性的。这样做往往是出于强烈的功利目的，最后即使培养出了一个艺术上的能工巧匠，付出的惨痛代价却是不可治愈的心灵创伤和人性扭曲。

我不但不想把啾啾培养成一个音乐家或画家，而且也从来没有把她培养成一个作家的打算，即使在阅读和写作上，我对她基本上也是放任自流的，从不特意提出要求和进行指导。我的一个同事的女儿，两岁时能认一两百个字，六岁时能读大部头文学作品，相比之下，啾啾的进度慢多了。但是，我仍喜欢啾啾的天真，宁愿她按照她自己的节奏向前走。现在早早出书和出名的小作家多的是，我丝毫不想让啾啾仿效。比起我自己上小学甚至上初中时的阅读和写作水平，她已远远超过，我有什么资格和理由催她呢。

对于孩子的未来，我从不做具体的规划，只做抽象的定向，就是要让她成为一个身心健康、心智优秀的人。人们喜欢问孩子："你将来想做什么？"我不问这样的问题。孩子自己有时会说，但是别当真。我直到上大学时还不知道自己将来会做什么呢。给孩子规定或者哪怕只是暗示将来具体的职业路径，是一种僭越和误导。总之，我只关心一件事，就是让孩子有一个幸福的童年，能够快乐、健康、自由地生长。只要做到了这一点，她将来做什么，到时候她自己会做出最好的决定，比我们现在能做的好一百倍。

（摘自《宝贝，宝贝》第三卷）

性格无好坏

无论何种性格，皆有一利必有一弊。一个人的性格的所谓优点和缺点是紧密相连的，是一枚钱币的两面，消除了其中一面，另一面也就不存在了。所以，在享受性格之利的同时，承受性格之弊，乃是题中应有之义，只需把这个弊限制在适当的范围内就可以了。

性格在很大程度上是天生的。既然是天生的，就谈不上好坏，好坏是后天运用的结果。因此，一个人不应该致力于改变自己的性格，事实上也做不到，所谓改变一定是表面的。所应该和能够做的只是顺应它，因势利导，扬长避短，使它产生好的结果。也就是说，要做自己的性格的主人，不要做自己的性格的奴隶。一个人做了自己的性格的主人，也就是尽可能地做了自己的命运的主人。

所谓性格的培养，绝不是要把原本没有的某种品质从外部植入，而是在充分了解孩子的固有性格特征的基础上，用优点来制约弱点。天下谁没有弱点？只要优点在发展，有一些弱点又算什么？只要把弱点限制在适当范围内，从而减少其危害就可以了，而发扬性格本身的长处便是抑制其短处的最佳方法。

　　基于这个考虑，在孩子的性格培养上，我总是顺其自然，以鼓励和引导为主，对优点予以热情的肯定，对弱点则予以宽容，点到为止，常常还一笑置之，如此为她的个性发展提供自由的空间。只要优点在发展，有一些弱点算什么？我自己有这么多弱点，不是活得好好的？想让孩子把性格的弱点都改掉，这是极其愚蠢的想法，实质上是要孩子变成另一个人，既然这是不可能的，那么，实质上是要孩子变成不是人。"做最好的自己"——这是恰当的提法，在性格培养上尤其恰当。

（摘自《宝贝，宝贝》第四卷）

爱护孩子的心灵

一、说孩子懂的话

无论一个什么道理，只要是适合于给孩子讲的，就一定要用孩子懂的话说，也一定能用孩子懂的话说。对于大人来说，这同时也是自己把道理真正想明白的过程。如果孩子不懂，往往说明大人自己没有想明白，或者更糟糕，说明这个道理根本就不适合于给孩子讲，甚至根本就不是道理。

说孩子懂的话，不要说孩子不懂的话——这是一个基本的要求。要做到这一点，前提是懂孩子。我常常发现，正是那些不懂孩子的家长和教师总在说着孩子不感兴趣因而听不懂的话。因此，我们可以把这个要求看作一项教育原则，以之来判断教育内容是否恰当以及教育者素质的高低。

二、不可败坏孩子的语言感觉

在幼儿园里，在小学里，人们常常对孩子进行道德的、政治的、意识形态的训话，说一些套话和官话。这种做法，撇开别的坏作用不说，对于孩子的语言发展也是恶劣的干扰，严重地败坏了孩子的语言感觉。幼儿的心智生长和语言学习本来是一个充满乐趣的自然过程，现在硬是插进了这些抽象、人为、生硬的语汇，它们在孩子的经验中没有任何对应物，却被要求经常和熟练地言说。这就好像在孩子的精神的胃里投入了一些无法消化的坚硬的石块，其结果只能是导致精神上包括语言上的食欲不振和消化紊乱。

三、关于"乖孩子"

中国人总是教育孩子做"乖孩子"，称赞孩子时也多用这个"乖"字。"乖"有两个含义，其一是乖顺，就是温良、听话；其二是乖巧，就是伶俐、机敏，把这两个含义统一起来就比较全面了。不过，这两个含义也可以从坏的方面理解，比如乖顺是循规蹈矩，乖巧是察言观色，二者的结合就更令人讨厌了。

仔细分析起来，孩子真正可爱的和值得鼓励的"乖"，其实包含了三个因素。一是通情，就是善解人意，关心和体察他人的感受，这是同情心，是善良。二是达理，就是讲道理、懂道理，这是理解力，是聪慧。三是在通情达理的基础上，能够克制自己不合情理的欲求，这是自制力，是节制。所以，"乖"应该是善良、聪慧、节制这三种积极品质的综合表现。倘若抽去这些品质，只要求孩子盲目地听话，训练出来的就不是通情达理的乖孩子，而是逆来顺受的呆孩子，甚至是阳奉阴违的坏孩子了。

四、相信童话

圣诞老人是一个美丽的童话，它带给孩子们的不只是惊喜和欢乐，更是健康的价值观，所传播的是出自喜欢而非出自利益的心愿，梦想的力量和梦想成真的喜悦，以及对爱和善良的坚定信念。

当然，无论哪个孩子，或早或迟，都总有一天会知道，圣诞老人并不真正存在，只是一个童话。但是，既然善的种子已经播下，这又有什么关系呢？

有一次，安徒生住在一个守林人的家里，他到林中散步，看见那里草地上有许多蘑菇。于是，他准备了一些小礼物，有糖果、蜡花、缎带等，然后重返草地，分放在蘑菇下面。翌日早晨，他带守林人的女儿去林中，这个七岁的小女孩在不同蘑菇下发现了意外的小礼物，眼中闪现莫大的惊喜。安徒生告诉她，这些东西都是地下的精灵藏在这里的。一个神父听了叙述，愤怒地责备道："你欺骗了天真的孩子。"安徒生答道："不，这不是欺骗。她会终身不忘这件事。我敢说，她的心，不会像没有体验过这个奇妙的事情的人那样容易变得冷酷无情。"

是的，一个相信童话的孩子，即使到了不再相信童话的年龄，仍是更容易相信善良和拒绝冷酷的。

五、坦然面对孩子关于死亡的提问

我常常观察到，很小的孩子就会表露出对死亡的困惑、恐惧和关注。不管大人们怎样小心避讳，都不可能向孩子长久瞒住这件事，孩子总能从日益增多的信息中，从日常语言中，乃至从大人们的避讳态度中，终于明白这件事的可怕性质。他也许不说出来，但心灵的地震仍在地表之下悄悄发生。面对这类问题，大人们的通常做法一是置之不理；二是堵回去，叫孩子不要瞎想；三是给一个简单的答案，那答案必定是一个谎言。在我看来，这三种做法都是最坏的。正确的做法是坦然面对孩子的提问，不妨与他讨论，提出一些可能的答案，但一定不要做结论，因为你做的任何结论都可能是错的。

第八辑

孩子与哲学

清新活泼的儿童心智与陌生新鲜的大千世界相遇，

碰撞出了哲学的火花。

儿童与哲学

经常有人问我：要不要让孩子学哲学？几岁开始学比较好？我总是反问：让孩子学哲学？有这个必要吗？孩子都是哲学家，应该是我们向他们学！这不只是戏言，凭借亲自观察，我深信儿童与哲学之间有着天然的亲和性，和大多数成人相比，孩子离哲学要近得多。在有些人眼中，孩子与哲学似乎不搭界，那是因为他们既不懂孩子，严重地低估了孩子的心智，也不懂哲学，以为哲学只是一门抽象的学问，对两方面都发生了误解。

有心的父母一定会注意到，儿童尤其幼儿特别爱提问，所提的相当一部分问题是大人回答不了的，原因不是缺乏相关知识，而是没有任何知识可以用作答案。这样的问题正是不折不扣的哲学问题。哲学开始于惊疑，孩子心智的发育进入旺盛期，就自然而然地会对世界感到惊奇，对人生产生疑惑，发出哲学性质的追问。宇宙是有限的还是无限的，神是否存在，世界是不是神创造的，人出生前在何处，死后去往哪里，对于世界和人生的这些大谜，孩子很早就会感到困惑。人类世世代代的天问，在一个孩子的头脑中苏醒了。一个孩子的天问没有答案，一切天问都没有答案。然而，因为这些天问，人类成为太阳系中唯一的爱智造物。也因为这些天问，一个孩子走上了人类的爱智轨道。

清新活泼的儿童心智与陌生新鲜的大千世界相遇，碰撞出了哲学的火花，这是人类精神的永恒的灿烂现象，但在每个人一生中却又是稍纵即逝的短暂时光。所以，如果说"学"哲学，儿童期正是"学"哲学的机不可失的黄金时期。不过，所谓"学"完全不是从外面给孩子灌输一些书本上的知识，而是对孩子自发表现出来的兴趣予以关注、鼓励和引导。

对于孩子的哲学性质的提问，聪明的大人只需要做两件事，第一是留意倾听他们的问题，第二是平等地和他们进行讨论。要让孩子感到，他想的问题是重要的、有价值的，他能够想这样的问题证明他聪明、会动脑子。同时，不妨提一些可供参考的观点，但一定不要做结论，因为真正的哲学问题是没有结论的，一做结论就必定简单化因而必定错误。相反的态度是麻木不仁、充耳不闻，或者用一个简单的回答把孩子的提问打发掉，许多孩子的哲学悟性正是这样在萌芽阶段就遭扼杀了。

凡真正的哲学问题都没有终极答案，更没有标准答案。孩子一旦开始想这类问题，你不要急于让孩子想通，事实上也不可能做到。宁可让他知道，你也还没有想通呢，想不通是正常的，咱们一起慢慢想吧。一定有人会问：既然如此，让孩子思考这种问题究竟有什么用？我只能这样回答：如果你只想让孩子现在做一架应试的机器，将来做一架就业的机器，当然就不必让他"学"哲学了。可是，倘若不是如此，你更想使孩子成长为一个优秀的人，哲学就是"必修课"。通过对世界和人生的那些既"无用"又"无解"的重大问题的思考，哲学给予人的是开阔的眼光、自由的头脑和智慧的生活态度，而这些品质必将造福整个人生。

当然，要做孩子够格的哲学"同伴"，大人必须提高自己。如果大人自己对哲学是陌生的，头脑中很少有真正哲学性质的思考，对孩子的哲学性质的提问当然就识别不了，更不可能给以鼓励和展开讨论了。因此，我的建议是，无论家长还是老师，都应该对自己进行哲学启蒙，读一些哲学书籍。在这方面，一个有效方式是选择一种或若干种高水平的哲学童书，和孩子共同阅读。所谓高水平的哲学童书，其特征是既儿童又哲学，能够从儿童心理出发去捕捉那些哲学性质的疑问，把这些疑问引导到若干重大的哲学主题上来，并且使孩子对这些主题的思考始终处在开放的状态。毋庸置疑，和孩子共读这样的书，对于大人自己也是一个学习哲学思考和提高哲学素养的过程。

2010年12月

让小柏拉图结识大柏拉图

—— "小柏拉图"丛书总序

　　我喜欢这套丛书的名称——"小柏拉图"。柏拉图是西方哲学的奠基者，他的名字已成为哲学家的象征。小柏拉图就是小哲学家。

　　谁是小柏拉图？我的回答是：每一个孩子。老柏拉图说：哲学开始于惊疑。当一个人对世界感到惊奇，对人生感到疑惑，哲学的沉思就在他身上开始了。这个开始的时间，基本上是在童年。那是理性觉醒的时期，好奇心最强烈，心智最敏锐，每一个孩子头脑里都有无数个为什么，都会对世界和人生发出种种哲学性质的追问。

　　可是，小柏拉图们是孤独的，他们的追问往往无人理睬，被周围的大人们视为无用的问题。其实那些大人也曾经是小柏拉图，有过相同的遭遇。一代代小柏拉图就这样昙花一现了，长大了不再想无用的哲学问题，只想有用的实际问题。

　　好在有幸运的例外，包括一切优秀的科学家、艺术家、思想家等，而处于核心的便是历史上的大哲学家。他们身上的小柏拉图足够强大，苗壮生长，终成正果。王尔德说："我们都生活在阴沟里，但我们中有些人仰望星空。"这些大哲学家就是为人类仰望星空的人，他们的存在提升了人类生存的格调。

对于今天的小柏拉图们来说，大柏拉图们的存在也是幸事。让他们和这些大柏拉图交朋友，他们会发现自己并不孤独，历史上最伟大的头脑都是他们的同伴。当然，他们将来未必都成为大柏拉图，这不可能也不必要，但是若能在未来的人生中坚持仰望星空，他们就会活得有格调。

我相信，走进哲学殿堂的最佳途径是直接向大师学习，阅读经典原著。我还相信，孩子与大师都贴近事物的本质，他们的心是相通的。让孩子直接读原著诚然有困难，但是必能找到一种适合于孩子的方式，让小柏拉图们结识大柏拉图们。

这正是这套丛书试图做的事情。全书共十册，选择十位有代表性的大哲学家，采用图文并茂讲故事的方式，叙述每位哲学家的独特生平和思想。这几位哲学家都足够伟大，在人类思想史上发生了巨大而深远的影响，同时也都相当有趣，各有其鲜明的个性。为了让读者对每位哲学家的思想有一个瞬间的印象，我各选一句名言列在下面，作为序的结尾，它们未必是丛书作者叙述的重点，但无不闪耀着智慧的光芒。

苏格拉底：未经思考的人生不值得一过。

第欧根尼：不要挡住我的阳光。

伊壁鸠鲁：幸福就是身体的无痛苦和灵魂的无烦恼。

笛卡尔：我思故我在。

莱布尼茨：世界上没有两片完全相同的树叶。

康德：最令人敬畏的是头上的星空和心中的道德律。

卢梭：出自造物主之手的东西都是好的，一到了人的手里就全变坏了。

马克思：真正的自由王国存在于物质生产领域的彼岸，这就是作为目的本身的人的能力的发展。

爱因斯坦：因为知识自身的价值而尊重知识是欧洲的伟大传统。

海德格尔：在千篇一律的技术化的世界文明时代中，人类是否和如何还能有家园？

2013年8月

当孩子思考人生难题

孩子都是哲学家——在女儿身上，我再一次验证了这个真理。人出生前在何处，死后去往哪里，什么是时间，世界有没有尽头，神是否存在，对于人生和世界的这些大谜，她在两三岁的时候就表露了困惑，到四五岁时则简直可以说是在进行痛苦的思考了。我的态度是赞赏和鼓励她去想这类无解的问题，想不通没有关系，怎么可能想得通呢，但这是爱智的起点，将会赋予她的灵魂以一种深度，赋予她的人生以一种高度。

韶光流逝，人生易老，人们往往以为只有成年人才会有这样的惆怅，其实不然。我们总是低估孩子的心灵。我自己的幼时记忆，我的女儿的幼时表现，都证明一个人在生命早期就可能为岁月匆匆而悲伤，为生死大限而哀痛。不要说因为我是哲学家，我小时候哪里知道将来会以哲学为业。不要说因为啾啾是哲学家的女儿，她的苦恼与哲学理论哪里有半点儿关系。我要再三强调：孩子的心灵比我们所认为的细腻得多、敏锐得多，我们千万不要低估。

那么，当孩子表露了这种大人也不堪承受的生命忧惧，提出了这种大人也不能解决的人生难题，我们怎么办？

首先，我们要留心，要倾听，让孩子感到，我们对他的苦恼是了解和关切的。如果家长听而不闻，置之不理，麻木不仁，孩子就会把苦恼埋在心底，深感孤独无助。

其次，要鼓励孩子，让他知道，他想的问题是重要的、有价值的，他能够想这样的问题证明他聪明、会动脑子。有一些愚蠢的家长，一听见孩子提关于死亡的问题就大惊小怪，慌忙制止，仿佛孩子做了错事。这种家长自己一定是恐惧死亡和逃避思考的，于是做出了本能的反应。他们这样反应，会把恐惧情绪传染给孩子，很可能从此就把孩子圈在如同他们一样的蒙昧境界中了。

最后，要以平等、谦虚的态度和孩子进行讨论，不知为不知，切忌用一个平庸的答案来把问题取消。你不妨提一些可供他参考的观点，但一定不要做结论。我经常听到，当孩子对死亡表示困惑时，大人就给他讲一些大道理，什么有生必有死呀，人不死地球就装不下了呀，我听了心中就愤怒，因为他们居然认为用这些生物学、物理学的简单道理就可以打发掉孩子灵魂中的困惑，尤其是他们居然认为孩子灵魂中如此有价值的困惑应该被打发掉！

其实，一切重大的哲学问题，比如生死问题，都是没有终极答案的，更不可能有所谓标准答案。这样的问题要想一辈子，想本身就会有收获，本身就是觉悟和修炼的过程。孩子一旦开始想这类问题，你不要急于让孩子想通，事实上也不可能做到。宁可让他知道，你也还没有想通呢，想不通是正常的，咱们一起慢慢想吧。让孩子从小对人生最重大也最令人困惑的问题保持勇于面对和开放的心态，这肯定有百利而无一弊，有助于在他的灵魂中生长起一种根本的诚实。孩子心灵中的忧伤、头脑中的困惑，只要大人能以自然的态度对待，善于引导，而不是去压抑和扭曲它们，都会是精神的种子，日后忧伤必将开出艺术的花朵，困惑必将结出智慧的果实，对此我深信不疑。

我们习惯于把情绪分为正面和负面，似乎烦恼、寂寞、无聊是纯粹负面的情绪，必须加以防止。我们总是强调对人生要有乐观和进取的态度，似乎悲观和守静是纯粹消极的态度，必须予以否定。在教育孩子时，我们尤其如此。我的看法不同。在我看来，正是一些被断为消极和负面的心情，可能是属于灵魂的。所以，当孩子出现这类心情时，不必大惊小怪，反而应该视为正面价值。我相信，有这类心情的孩子，心灵会更丰富、深刻。其实，哪个孩子没有呢，区别在多少，更在大人是否珍惜和理解。当然，凡事有一个度，孩子太深沉了也不好。不过，正因为是孩子，就不会太深沉，旺盛的生命力自然会在生命的欢乐和忧愁之间造成适当的平衡。

（摘自《宝贝，宝贝》第三卷）

哲学是对聪明孩子的谈话

——《给孩子的哲理》编者的话

应北岛之约,我编选了这本《给孩子的哲理》。在我心目中,孩子都是哲学家,而在事实上,我从孩子口里听到的含有哲理的精彩的话,也的确比从大人口里听到的多得多。所以,编选的时候,我没有特别注意要照顾孩子的水平,因为我对孩子的理解力很有信心。同时,据我所见,好些大哲学家的文字本来就是通俗明白的,好像是在向一些聪明的孩子谈话,我只要把孩子们引到这些大师面前就可以了。同样的原因,这本书也是给聪明的大人读的。我说的聪明的大人,是指那些保持了孩子性情的人,他们一旦来到人类智慧的大海边,就会像孩子一样忘情地戏水和捡拾贝壳,从智慧中获得单纯的快乐。

由于篇幅的限制,我不得不对题材有所取舍。首先,我把本书的内容定位于西方哲学,不涉及中国哲学,中国传统哲学是另一套思想系统,而且其文献基本是文言文,不宜放在同一本书里。其次,对于西方哲学,我只从古典哲学家的著作里摘取内容,不涉及现代哲学家。

本书的重点是人生哲理，而在我看来，西方哲学中，关于人生的道理，最重要的话都已经被古希腊、古罗马和近代的哲学家说出，后人说不出多少新东西了。最后，我还是不能不顾及文风，有的哲学家非常重要，比如康德，但文字过于艰涩，就只好舍弃。

尽管如此，西方古典哲学著作仍是汗牛充栋，我费了很大的功夫斟酌挑拣。我先整理了一个百余万字的文本，把我觉得精辟的语句尽量收全，然后一遍遍筛选，最后才精简成了现在这个近十七万字的文本。作为一本小书，篇幅还是有点儿大，但我实在舍不得进一步删减了。我相信，读完了以后，你们一定会觉得，花时间读这十几万字是值得的。

人活在世上，自幼及长，从生到死，会面临许多问题，其中有一些是共同的、重大的、根本性的问题。比如，人生有没有意义，什么是幸福，怎样做人处世，如何面对死亡，等等。哲学家的特点是，心灵敏感，头脑认真，因此对这一类问题想得格外多而且深入。编选这本书的过程，我觉得好像在逐一拜访西方两千年里那些最有智慧的头脑，倾听他们的嘉言隽语。现在，这本书就像是一个沙龙，我请他们聚集一堂，对人生问题发表各自的高论。你们将发现，对于同一个问题，他们也许会有共通的认识，但也常会有很不同乃至相反的见解。看一群高智商的人时而灵犀相通，所见略同，时而针锋相对，观点迥异，岂非人生乐事？当然，在这个沙龙里，你们不只是旁听者，我希望智者的讨论会激起你们同样的求真热情，从而在人生的道路上做一个自觉的思考者和践行者。

2019年2月

鼓励孩子的哲学兴趣

在一定的意义上，孩子都是自发的哲学家。他们当然并不知道什么是哲学，但是，活跃在他们小脑瓜里的许多问题是真正哲学性质的。我相信，就平均水平而言，孩子们对哲学问题的兴趣要远远超过大多数成人。这一方面是因为，从幼儿期到青春期，正是一个人的理性开始觉醒并逐渐走向成熟的时期，好奇心最强烈，求知欲最旺盛。另一方面，展现在他们眼前的是一个全新的世界，在这个阶段内，生命的生长本身就不断带来对人生的新的发现，看世界的新的角度，使他们迷乱和兴奋，也使他们困惑和思考。哲学原是对世界和人生的真相之探究，童年和青少年时期恰是发生这种探究的最佳机会。

然而，在多数人身上，随着年龄和阅历增长，曾经有过的那种自发的哲学兴趣似乎完全消失了，岁月把一个个小哲学家改造成了大俗人。之所以发生这种情况，孩子周围的大人——包括家长和老师——要负相当的责任。据我所见，对于孩子提出的哲学问题，大人们普遍以三种方式处理：一是无动于衷，认为不值得理睬；二是粗暴地顶回去，教训孩子不要瞎想；三是自以为是，用一个简单的答案打发孩子。在大人们心目中，对世界和人生的思考太玄虚，太无用，功课、考试、将来的好职业才是正经事。在这种急功近利的氛围中，孩子们的哲学兴趣不但得不到鼓励，而且往往过早地遭到了扼杀。

哲学到底有用还是无用，要回答这个问题，关键是如何看待所谓用。如果你只认为应试、谋职、赚钱是有用，那么，哲学的确没有什么用。可是，如果你希望孩子成为一个真正优秀的人，那么，哲学恰恰是最有用的。人类历史上的一切优秀者，不管是哪一个领域的，必是对世界和人生有自己广阔的思考和独特的理解的人。一个人只有小聪明而没有大智慧，却做成了大事业，这样的例子古今中外都不曾有过呢。

所以，如果你真正爱孩子，关心他们的前途，就应该把你自己的眼光放得远一点儿。不要挫伤孩子自发的哲学兴趣，而要保护和鼓励，而最好的鼓励办法就是和他们一起思考和讨论。事实上，任何一个真正的哲学问题都不可能有所谓标准答案，可贵的是发问和探究的过程本身，使我们对那些根本问题的思考始终处于活泼的状态。

在这方面，我们亟须有水平的启蒙读物。好的启蒙书其实不但适合孩子阅读，也适合家长和孩子、老师和学生一同阅读。在相当程度上，大人也需要受启蒙，否则就当不好家长和老师。难道不是吗？

2005年5月

哲学与孩子与通俗化

最近，广东教育出版社出版了一套面向少儿读者的"画说哲学"小丛书，我也参与了写作，因为我确信这是一件很有意义的事情。

在一切学问中，哲学最不实用。在一切时代中，我们的时代最讲究实用。哲学在今天的命运就可想而知了。不过，我并不因此悲观，理由是：一、我从来不期望哲学成为热门，哲学成为热门未必是好事；二、在任何时代，总是有不讲究实用的一代人，那就是涉世未深的少年儿童。

童年和少年是哲学的黄金时期。无论东西方，最好的哲学都出在公元前5世纪左右，那是人类的童年和少年时期。对于个人也是这样，在这个年龄上，正在觉醒的好奇心直接面对世界和人生，其间还没有隔着种种遮蔽人的心智的利欲和俗见。孩子们多么善于提出既不实用又无答案的问题呵，这正是哲学问题的典型特点，可惜的是，它们往往被毫无哲学听觉的大人们扼杀了，同时也扼杀了许多未来的哲学家。当然，这对这些孩子自己未必是不幸，因为真的成了哲学家，他们就很难在社会上吃得开，更不用想当高官大款了。但是，我想，他们中间或许会有一些人，像我们一样，将来并不后悔做穷哲学家；而那些将来有希望当高官大款的人，他们也会不反对自己保留一点儿哲学眼光，以便在社会的沉浮中有以自持。所以，编写这套面向少年儿童的哲学读物，很可能是一件虽然无用然而有益的事情。

据说有些哲学专业人员认为，写通俗的哲学作品必然会降低哲学的水准，丧失哲学的真髓。因此，他们站在专业立场上坚决反对把哲学通俗化。其实，所谓"通俗"是一个太笼统的说法。"通"本是与"隔"相对而言的，一个作者对自己所处理的题目融会贯通，因而能与相应的读者沟通，在这两方面均无阻隔，便是"通"。"俗"则是与"雅"相对而言的，指内容的浅显和形式的易于流行。所以，"通"和"俗"原不可相提并论。事实上，世上多的是"俗"而不"通"或"雅"而不"通"的制品，却少有真正"通"而不"俗"的作品。难的不是"雅"，而是"通"。而且我相信，只要真正"通"了，作品就必定不"俗"。柏拉图的许多对话、帕斯卡尔的思想录、蒙田的随笔、尼采的格言、圣－埃克苏佩里的哲学童话《小王子》，看似通俗易懂，却都是哲学的精品。有时候，深刻的理论发现为了不使自己与已有的理论相混淆，不得不寻找与众不同的表达，或许难免显得艰涩。但是，表达得清晰生动而又不损害思想的独创性和深刻性，这无论如何属于一流的语言技巧，不是贬低了而是更加显示了一位大师的水准。相反，如果不"通"，不管怎样写得让人看不懂，也只是冒充高雅、故弄玄虚而已。

所以，我丝毫也不看轻给孩子们写哲学书这项工作。就我个人的爱好而言，我是更乐意和孩子们（包括童心未灭的大人）谈哲学的。

与学者们讨论哲学，很多时候是在卖弄学问。在孩子们面前，卖弄学问就无济于事了。当事情涉及启迪智慧时，孩子是最不好骗的。如果我自己不"通"，我就绝不可能让他们对我的话装出感兴趣和理解的样子。我必须抛开在哲学课堂上学来的一切半生不熟的知识，回到最原初的哲学问题上来，用最原初的方式来思考和讲述。对于我来说，这差不多是哲学上的一种返璞归真和正本清源。以后若还有机会，我有心继续这种尝试，而且把这看作对自己的哲学能力的一种真正考验。

1996年5月

做一个有灵魂的人

——与中学生谈学习哲学

最近,《中国教育报》对中学生的课外阅读做调查,结果显示,哲学类书籍在其中占据相当比重。同时,也发现不少人对哲学有误解。该报记者汇集了一些问题,希望我有针对性地与中学生谈一谈哲学的学习。这正是我乐意做的事情,因为我相信,中学生里一定有许多哲学的潜在知音,对他们说话绝不会白费口舌。

一、哲学是什么?教科书上说是关于世界观的学问,这个定义好像太笼统。调查中发现,很多学生以为哲学就是马克思主义或政治课本,觉得枯燥,但他们却喜欢读哲理散文,例如您的文章。您如何看待这种现象?

"哲学"一词的本义是爱智慧,通俗地说,就是不愿糊里糊涂地活着,要活得明白。苏格拉底有一句名言:"未经省察的人生没有价值。"就是这个意思。而要活得明白,就必须用自己的头脑去想世界和人生的根本问题。在此意义上，可以说哲学就是世界观和人生观。我不太赞同哲学是学问的提法，因为说学问就容易凝固化。严格地说，哲学不是一门学问，而是一种思考的状态。请注意"观"这个词，世界观就是"观"世界，人生观就是"观"人生，第一要用自己的眼睛去"观"，第二所"观"的应是世界和人生的全局。我们平时往往沉湎在身边的琐事之中，但有时也会从中跳出来，想一想世界究竟是什么、人生究竟有什么意义这样的问题，这时候就是在进行哲学思考了。哲学是"观"全局的活动，其最重要的特征，一是独立思考，二是思考根本问题。

马克思是一位大哲学家，马克思主义是一种在现代具有重要影响的哲学，这是现代许多哲学家都承认的。但是，马克思主义哲学是在西方哲学传统中产生的，脱离这个传统，就不可能正确理解。在我们的教科书中，它被孤立起来了，它的丰富内涵又被简单化为一些教条，这当然会使学生对哲学产生误解和厌倦。我本人认为，中学哲学教学的改革势在必行。

二、如今书店里最多的哲理读物是励志类书籍，您认为它们会给中学生带来何种影响？

的确，现在书店里充斥着所谓励志类书籍，其内容无非是教人如何在名利场上拼搏，出人头地，发财致富；如何精明地处理人际关系，讨老板欢心，在社会上吃得开，诸如此类。依我看，这类东西基本上是垃圾，与哲学完全不沾边。偏是这类东西似乎十分畅销，每次在书店看到它们堆放在最醒目的位置上，满眼是"经营自我""致富圣经""人生策略""能说会道才能赢"之类庸俗不堪的书名，我就为我们的民族感到悲哀，何以竟堕落到了这等地步。使我惊讶的是，对于这种东西，稍有灵性的人都会产生本能的厌恶，怎么还有人而且有许多人把它们买回去读？事实上，它们大多是书商找写手胡乱编造出来的，目的是骗钱，写手自己绝非成功之人，读它们的人怎么就能成功？可见这个时代已经急功近利到了盲目的程度。这种书会不会给中学生带来不良影响？当然会。不过，我相信，就本性而言，青少年蓬勃向上的心灵是不会喜欢这种散发着腐朽气息的东西的，没有一个孩子愿意自己变得世故。如果他们中有人也读这种书，我敢断言，多半是庸俗的家长硬塞给他的。我希望广大中学生远离这种书，以读这种书为耻，因为这意味着年轻纯洁的心过早变老变平庸了。

这里我想顺便谈一谈为什么要学哲学。人是应该有进取心的，问题是朝什么方向进取。哲学让人综观世界和人生的全局，实际上就为人的进取方向提供了一个坐标。一个人活在世上只是追求世俗的成功，名啊利啊什么的，他的成功只是表面的，仍然是在混日子而已，区别只在混得好不好。真正的成功是做人的成功，即做一个有灵魂的人，一个精神上优秀的大写的人。这样的人即使在世俗的意义上不很成功，他的人生仍是充满意义的。可是，事实上，人类历史上一切伟大的成功者恰恰出于这样的人之中。不管在哪一个领域，包括创造财富的领域，做成大事业的绝非只有一些使用小伎俩的精明之人，而必是对世界和人生有广阔思考和独特领悟的拥有大智慧的人。

三、您曾说您最乐意与孩子谈哲学，您的《画说哲学：我们对世界的认识》《画说哲学：精神的故乡》二书也是为孩子写的。您能不能谈一谈，一个人在什么年龄学哲学最合适？中学生应该怎样学哲学？您能否推荐一些适合中学生的哲学读物？

一个人在任何年龄都可以学哲学。在不同的年龄，学习的方式和感受是不同的。黑格尔说过，对于同一句格言，少年人和老年人会有很不同的理解。不过，就哲学是爱智慧而言，我觉得中学和大学低年级是开始学哲学的最佳年龄。有一本书的书名叫《孩子都是哲学家》，我很赞同这个说法。爱智慧开始于好奇心，而孩子的好奇心是最强烈的，面对一个全新的世界和人生，他们什么都要问，其中许多是真正哲学性质的。只是在小学时，年龄太小，好奇心虽然强烈，理性思维的能力毕竟还弱，应该鼓励孩子的自发兴趣，但不宜于正式学习。到了中学阶段，可以开始正式学习了。所谓正式学习，也不是一本正经地读教科书。你看在古希腊时代，苏格拉底整天在街头与人聊天，最喜欢听他聊天的正是一些高中生、大学生年龄的人，他也最喜欢与这样年龄的人聊，认为他们的心灵是最适宜播下哲学种子的肥土。就在这样的聊天中，这些青少年学到了哲学，其中好几位成了大哲学家，比如柏拉图。

可是，今天的中学生到哪里去找这样一个苏格拉底啊，主要还得靠自己阅读。一开始当然只能读一些比较通俗的入门书，在选择这类读物的时候，我想强调两条标准，第一要有趣，第二起点要高。既有趣起点又高，谈何容易，其实好的通俗哲学书是非常难写的，必出于大家之手。这方面有两本书值得推荐，一是罗素的《西方的智慧》，二是杜兰特的《哲学的故事》。到了高中和大学阶段，如果你想深入学哲学，我建议你读一本比较可靠的哲学史，比如梯利的《西方哲学史》，然后，选择其中谈到的你感兴趣的哲学家，去看他们的原著。我这里说的是学习西方哲学，学习中国古代哲学的道理与此相同。根据我的经验，要真正领悟哲学是什么，最好的办法就是读大哲学家的原著，看他们在想什么问题和怎样想这些问题。你一旦读了进去，就再也不想去碰那些粗浅的启蒙读物了。

2005年5月

第九辑

成长的季节

在他的内部发生着多么巨大又多么细致的事件。

成长的季节

　　情窦初开的年龄，绽开的不只是欲望的花朵。初开的欲望之花多么纯洁，多么羞怯，多么有灵性，其实同时也是精神之花。和青春一起，心灵世界一切美好的东西，包括艺术和理想，个性和尊严，也都觉醒了。

　　这在人人都是一样的。区别在后来，有的精神之花得到了充足的精神营养，长开不败，结出了果实；有的却只是昙花一现，因为营养不良而早早枯萎了。

　　在人的精神成长过程中，少年时期无疑是至关重要的。谁没有体验过青春的魔力降临时的那种奇妙的心情呢？突然之间，眼前仿佛打开了一个五彩缤纷的世界，一片隐藏着无穷宝藏的新大陆。少年人看世界的眼光是天然地理想化的，异性的面庞，两小无猜的友情，老师的一句赞扬，偶尔读到的一则故事或一段格言，都会使他们对世界充满美好的期望。从总体上比较，少年人比成年人更具精神性，他们更加看重爱情、友谊、荣誉、志向等精神价值，较少关注金钱、职位之类的物质利益。当然，由于阅世不深，他们的理想未免空泛。随着入世渐深，无非有两种可能：或者是把理想当作一种幼稚的东西抛弃，变得庸俗实际起来；或者是仍然坚持精神上的追求，因为实际生活的教训和磨炼，那会是一种更成熟、更自觉的追求。一个人最后走上哪一条路，取决于种种因素，不可一概而论。不过，他年少之时那种自发的精神性是否受到有效的鼓励和培育，肯定是其中一个重要的因素。

青春似乎有无数敌人，但是，在某种意义上，学校、老师、家长、社会等都是假想敌，真正的敌人只有一个，就是虚伪。当一个人变得虚伪之时，便是他的青春终结之日。在成长的过程中，一个人能够抵御住虚伪的侵袭，依然真实，这该是多么非凡的成就。

成长是一个不断学习的过程，学习如何做人处世，如何思考问题。不过，学习的场所未必是在课堂上。事实上，生活中偶然的契机，意外的遭遇，来自他人的善意或恶意，智者的片言只语，都会是人生中生动的一课，甚至可能改变我们人生的方向。

发现的时代

在人的一生中，中学时代是重要的，其重要性往往被估计得不够。这倒也在情理中，因为当局者太懵懂，过来人又太健忘。一个人由童年进入少年，身体和心灵都发生着急剧的变化，造化便借机向他透露了自己的若干秘密。正是在上中学那个年龄，人生中某些本质的东西开始显现在一个人的精神视野之中了。所以，我把中学时代称作人生中一个发现的时代。发现了什么？因为求知欲的觉醒，发现了一个书的世界。因为性的觉醒，发现了一个异性世界。因为自我意识的觉醒，发现了自我也发现了死亡。总之，所发现的是人生画面上最重要的几笔，质言之，可以说就是发现了人生。千万不要看轻中学生，哪怕他好似无忧无虑，愣头愣脑，在他的内部却发生着多么巨大又多么细致的事件。

一、书的发现

我这一辈子可以算是一个读书人，也就是说，读书成了我的终身职业。我不敢说这样的活法是最好的，因为人在世上毕竟有许多活法，在别的活法的人看来，啃一辈子书本的生活也许很可怜。不过，我相信，一个人不管从事什么职业，如果不读书，他的眼界和心界就不免狭窄。

回想起来，最早使我对书发生兴趣的只是一本普通的儿童读物。那还是在上小学的时候，班里的同学们把自己的书捐出来，凑成了一个小小的书库。我从这个小书库里借了一本书，书名是《铁木儿的故事》，讲一个顽皮男孩的种种恶作剧。这本书让我笑破了肚皮，以至于我再也舍不得与这个可爱的男孩分手了，还书之后仍然念念不忘，终于找一个机会把书偷归了己有。

后来我没有再偷过书。但是，从此以后，我对书不再是视若不见，而是刮目相看了，我眼中有了一个书的世界，看得懂看不懂的书都会使我眼馋心痒，我相信其中一定藏着一些有趣的东西，等待我去把它们找出来。

当时我家住在离上海图书馆不远的地方，我常常经过那里，但小学生是没有资格进去的，我只能心向往之。小学毕业，拿到了考初中的准考证，凭这个证件就可以到馆内的阅览室看书了，为此我感到非常自豪。记得我借的第一本书是雨果的《悲惨世界》，管理员怀疑地望着我，不相信十一岁的孩子能读懂。我的确读不懂，翻了几页，乖乖地还掉了。这一经验给我的打击是严重的，使得我很久不敢再去碰外国名著，直到进了大学才与世界级大师们接上头。

不过，我对书的爱好有增无减，并且很早就有了买书的癖好。读初中时，从我家到学校乘车有五站地，由于家境贫寒，父亲每天只给我四分钱的单程车费。我连这钱也舍不得花，总是徒步往返，攒下来去买途中一家旧书店里我看中的某一本书。钱当然攒得极慢，我不得不天天去看那本书是否还在，直到攒够了钱把它买下才松一口气。读高中时，我住校，从家里到学校要乘郊区车，单程票价五角，于是我每周可以得到一元钱的车费了。这使我在买书时有了财大气粗之感，为此每个周末无比愉快地跋涉在十几公里的郊区公路上。

在整个中学时代，我爱书，但并不知道该读什么书。初中时，上海市共青团在中学生中举办"红旗奖章读书运动"，我年年都是获奖者。学校团委因此让我写体会，登在黑板报上。我写了我的读书经历，叙述我的兴趣如何由童话和民间故事转向侦探小说，又如何转向《苦菜花》《青春之歌》等中国当代长篇小说。现在想来觉得好笑，那算什么读书经历呢。进入高中后，我仍然不曾读过任何真正重要的书，基本上是在粗浅的知识性读物中摸索。在盲目而又强烈的求知欲驱使下，有一阵我竟然认真地读起了词典，边读边把我觉得有用的词条抄在笔记本上。我在中学时代的读书收获肯定不在于某一本书对于我的具体影响，而在于养成了读书的习惯。从那时开始，我已经把功课看得很次要，而把更多的时间用来读课外书。这在一定程度上要归功于我读高中的上海中学，那是一所学习气氛颇浓的学校，阅览室的墙上贴着高尔基的一句语录："我扑在书本上，就像饥饿的人扑在面包上一样。"这句话对于当时的我独具魔力，非常贴切地表达了一个饥不择食的少年人的心情和状态。我也十分感谢那时候的《中国青年报》，它常常刊登一些伟人的励志名言，向我的旺盛的求知欲里注进了一股坚韧的毅力。

在中学时，我的功课在班里始终是名列前茅的，但不是那种受宠的学生。初中二年级，只是因为大多数同学到了年龄，退出了少先队，而我的年龄偏小，才当上了一回中队长。这是我此生官运的顶峰。高中一直是班上的数学课代表，仅此而已。说到数学课代表，还有一段"逸事"。因为我的数学成绩好，高中临毕业，当全班只有我一人宣布报考文科时，便在素有重理轻文传统的上海中学爆出了一个冷门，引得人们议论纷纷。当时我悄悄赋诗曰："师生纷纭怪投文，抱负不欲众人闻。"其实我哪里有什么明确的"抱负"，只是读的书杂了，就不甘心只向理工科的某一个门类发展了，总觉得还有更加广阔的知识天地在等着我去驰骋。最后我选择了哲学这门众学之学，起作用的正是这样一种不愿受某个专业限制的自由欲求。

二、性的发现

上课时，坐在第一排的那个小男生不停地回头，去看后几排的一个大女生。大女生有一张白皙丰满的脸蛋儿，穿一件绿花衣服。小男生觉得她楚楚动人，一开始是不自觉地要回头去看，后来却有些故意了，甚至想要让她知道自己的"情意"。她真的知道了，每接触小男生的目光，白皙的脸蛋儿上便会泛起红晕。这时候，小男生心中就涌起一种甜蜜的欢喜。

那个小男生就是我。那是读初中的时候，我不知不觉地开始注意起了班上的女生。我在班上年龄最小，长得又瘦弱，现在想来，班上那些大女生都不会把我这个小不点儿放在眼里。可是，殊不知小不点儿已经情窦初开心怀鬼胎了。我甚至相信自己已经爱上了那个穿绿花衣服的女生。然而，一下了课，我却始终没有勇气去接近这个上课时我敢于对之频送秋波的人。有一次下厂劳动，我们分在同一个车间，我使劲跟别的同学唇枪舌剑，想用我的机智吸引她的注意，但就是不敢直接与她搭话。班上一个男生是她的邻居，平时敢随意与她说话，这使我对这个比我年长的男生既佩服又嫉妒。后来，在一次家长会上，我看见了绿衣女生的母亲，那是一个男人模样的老丑女人。这个发现使我有了幻想破灭之感，我对绿衣女生的暗恋一下子冷却了。

当时我并不知道，我对女孩子的白日梦式的恋慕只是一种前兆，是预告身体里的风暴即将来临的一片美丽的霞光。男孩子的性觉醒是一个充满痛苦的过程。面对汹涌而至、锐不可当的欲望之潮，男孩子是多么孤独无助。大约从十三岁开始，艰苦而漫长的搏斗在我的身上拉开了序幕，带给我的是无数个失眠之夜。没有人告诉我发生了什么，应该怎么办。我到书店里偷偷地翻看生理卫生常识一类的书，每一次离开时都带回了更深的懊悔和自责。我的亲身经验告诉我，处在讨人嫌的年龄上的男孩子其实是多么需要亲切的帮助和指导。

我是带着秘密的苦闷进入高中的，这种苦闷使我的性格变得内向而敏感。在整个高中时期，我像苦行僧一样鞭策自己刻苦学习，而对女孩子仿佛完全不去注意了。班上一些男生和女生喜欢互相打闹，我见了便十分反感。有一回，他们又在玩闹，一个女生在黑板上写了一串我的名字，然后走到座位旁拍我的脑袋，我竟然立即板起了脸。事实上，我心里一直比较喜欢这个机灵的女生，而她的举动其实也是对我友好的表示，可是我就是如此不近情理。我还利用我主持的黑板报抨击班上男女生之间的"调情"现象，记得有一则杂感是这样写的："有的男生喜欢说你们女生怎么样怎么样，有的女生喜欢说你们男生怎么样怎么样，这样的男生和女生都不怎么样。"我的古板给我赢得了一个"小老头儿"的绰号。

现在我分析，当时我实际上是处在性心理的自发的调整时期。为了不让肉欲的觉醒损害异性的诗意，我便不自觉地远离异性，在我和她们之间建立了一道屏障。这个调整时期一直延续到进大学以后，在我十八岁那一年，我终于可以坦然地写诗讴歌美丽的女性和爱情了。

三、死的发现

我相信，每一个人在生命的早期必定会有那样一个时刻，突然发现了死亡。在此之前，虽然已经知道了世上有"死"这种现象，对之有所耳闻甚至目睹，但总觉得那仅仅与死者有关，并未与自己联系起来。可是，迟早有一天，一个人将确凿无疑地知道自己也是不可避免地会死的。这一发现是一种极其痛苦的内心经验，宛如发生了一场看不见的地震。从此以后，一个人就开始了对人生意义的追问和思考。

小时候，我经历过外祖父的死、刚出生的最小的妹妹的死，不过那时候我对死没有切身之感，死只是一个在我之外的现象。我也感到恐惧，但所恐惧的其实并不是死，而是死人。在终于明白死是一件与我直接有关、也属于我的事情之前，也许有一个逐渐模糊地意识到，同时又怀疑和抗拒的过程。小学高年级时，上卫生常识课，老师把人体解剖图挂在墙上，用教鞭指点着讲解。我记得很清楚，当时我脑中盘旋着的想法是：不，我身体里一定没有这些乱糟糟的东西，所以我是不会死的！这个抗辩的呼声表明，当时我已经开始意识到了死与我的可怕联系，所以要极力否认。

当然，否认不可能持续太久，至少在初中时，我已经知道我必将死亡是一个无可否认的事实了。从那时起，我便常常会在深夜醒来，想到人生的无常和死后的虚无，感到不可思议，感到绝望。上历史课时，有一回，老师给我们讲释迦牟尼成佛的故事，我感动得流了眼泪。在我的想象中，佛祖是一个和我一样的男孩，他和我一样为人的生老病死而悲哀，我多情地相信如果生在同时代，我必是他的知己。

少年时代，我始终体弱多病，这更加重了我性格中的忧郁成分。从那时留下的诗歌习作中，我发现了这样的句子："一夕可尽千年梦，直对人世说无常。""无疾不知有疾苦，旷世雄心会入土。"当时我还不可能对生与死的问题做深入的哲学思考，但是，回过头看，我不能不承认，我后来关注人生的哲学之路的源头已经潜藏在少年时代的忧思中了。

四、"我"的发现

在我上中学的年代，学校里非常重视集体主义的教育，个人主义则总是遭到最严厉的批评。按照当时的宣传，个人没有任何独立的价值，其全部价值就是成为集体里的积极分子，为集体做好事。在这样的氛围里，一个少年人的自我意识是很难觉醒的。我也和大家一样，很在乎在这方面受到的表扬或批评。但是，我相信意识有表层和深层的区别，两者不是一回事。在深层的意识中，我的"自我"仍在悄悄地觉醒，而且恰恰是因为受了集体的刺激。

那是读初中的时候，为了强化学生的集体观念，老师按家庭住址给学生划片，每个片的男生和女生各组成一个课外小组。当然，每个学生都必须参加自己那个小组的活动。在我的印象中，课外小组的活动是一连串不折不扣的噩梦。也许因为我当时身体瘦弱，性格内向，组里的男生专爱欺负我。每到活动日，我差不多是怀着赴难的悲痛，噙着眼泪走向作为活动地点的同学家里的。我知道，等待着我的必是又一场恶作剧。我记得最清晰的一次，是班上一个女生奉命前来教我们做手工，组内的男生们故意锁上门不让她进来，而我终于看不下去了，去把门打开。那个女生离去后，大家就群起而耻笑我，并且把我按倒在地上，逼我交代我与那个女生是什么关系。

受了欺负以后，我从不向人诉说。我压根儿没想到要向父母或者老师告状。我的内心在生长起一种信念，我对自己说，我与这些男生是不一样的人，我必定比他们有出息，我要让他们看到这一天。事实上我是憋着一股暗劲，那时候我把这称作志气，它成了激励我发奋学习的主要动力。后来，我的确是班上各门功课最优秀的学生，因此而屡屡受到老师们的夸奖，也逐渐赢得了同学们的钦慕，甚至过去最爱惹我的一个男生也对我表示友好了。

当然，严格地说，这还算不上对自我价值的发现，其中掺杂了太多的虚荣心和功利心。不过，除此之外，我当时的发奋也还有另一种因素起作用，就是意识到了我的生命的有限和宝贵，我要对这不可重复的生命负责。在后来的人生阶段中，这一因素越来越占据了主导地位，终于使我能够比较超脱功利而坚持走自己的路。我相信，对自己的生命负责是最基本的责任心，一个对自己的生命尚且不负责的人是绝不可能对他人、对民族、对世界负责的。可是，即使在今天的学校教育中，这仍然是一个多么陌生的观念。

在我身上，自我意识的觉醒还伴随着一个现象，就是逐渐养成了写日记的习惯。一开始是断断续续的，从高中一年级起，便每天都记，乐此不疲，在我的生活中成了比一切功课重要无数倍的真正的主课。日记的存在使我觉得，我的生命中的每一个日子没有白白流失，它们将以某种方式永远与我相伴。写日记还使我有机会经常与自己交谈，而一个人的灵魂正是在这样的交谈中日益丰富和完整。我对写日记的热情一直保持到大学四年级，在"文化大革命"中被暂时扑灭，并且还毁掉了多年来写的全部日记。我为此感到无比心痛，但是我相信，外在的变故并不能夺去我的灵魂从过去写日记中所取得的收获。

1999年3月

何必名校

　　现在的家长都非常在乎把自己的孩子送进名校，往往为此煞费苦心，破费万金。人们普遍相信，只要从幼儿园开始，到小学、中学、大学，一路都上名牌学校，孩子就一定前程辉煌，否则便不免前途黯淡。据我的经验，事情绝非这样绝对。我高中读上海中学，大学读北京大学，当然都是名校，但是，小学和初中就全然不沾名校的边了。我读的紫金小学在上海老城区一条狭小的石子路上，入读时还是私营的，快毕业时才转为公立。初中读的是上海市成都中学，因位于成都北路上而得名。

　　记得在被成都中学录取后，我带我小学里最要好的同班同学黄万春去探究竟。因为尚未开学，校门关着，我们只能隔着竹篱笆墙朝里窥看，能隐约看见操场和校舍一角。看了一会儿，我俩相视叹道：真大啊！比起鸽笼般的紫金小学，当然大多了。当时黄万春家已决定迁居香港，所以他没有在上海报考初中。他用羡慕的眼光望着我，使我心中顿时充满自豪。我压根儿没有去想，这所学校实在是上海千百所中学里的一所普通得不能再普通的学校。

我入初中时刚满十一岁，还在贪玩的年龄。那时候，我家才从老城区搬到人民广场西南角的一个大院子里。院子很大，除了几栋二层小洋楼外，还盖了许多茅屋。人民广场的前身是赛马场，那几栋小洋楼是赛马场老板的财产。新中国成立后，这位老板的财产被剥夺，现在寄居在其中一栋楼里，而我家则成了他的新邻居。那些茅屋是真正的贫民窟，居住的人家大抵是上海人所说的江北佬，从江苏北部流落到上海的。不过，也有一些江北佬住进了楼房。院子里孩子很多，根据住楼房还是住茅房分成了两拨，在住楼房的孩子眼里，住茅房的孩子是野孩子。好玩的是，在我入住后不久，我便成了住楼房的孩子的头儿。

我这一生没有当过官，也不想当官，然而，在那个顽童时代，我似乎显示了一种组织的能力。我把孩子们集中起来，宣布建立了一个组织，名称很没有想象力，叫红星组，后来"大跃进"开始，又赶时髦改为跃进组。组内设常务委员会，我和另五个年龄与我相仿的大孩子为其成员，其中有两人是江北佬的孩子，我当仁不让地做了主任。我这个主任当得很认真，经常在我家召开会议，每一次会议都有议题并且写纪要。我们所讨论的问题当然是怎么玩，怎么玩得更好。玩需要经费，我想出了一个法子。有一个摆摊的老头儿，出售孩子们感兴趣的各种小玩意儿，其中有一种名叫天牛的昆虫。于是，我发动我的部下到树林里捕捉天牛，以半价卖给这个老头儿。就用这样筹集的钱，我们买了象棋之类的玩具，有了一点儿集体财产。我还买了纸张材料，做了一批纸质的军官帽和肩章领章，把我的队伍装备起来。我们常常全副行头地在屋边的空地上游戏，派几个戴纸橄榄帽的拖鼻涕的兵站岗，好不威风。这种情形引起了那些野孩子的嫉妒，有一天，我们发现，他们排着队，喊着"打倒和尚道士"的口号，在我们的游戏地点附近游行。我方骨干中有两兄弟，"和尚道士"是他俩的绰号。冲突是避免不了的了，一次他们游行时，我们捉住了一个落伍的，从他身上搜出一张手写的证件，写着"取缔和尚道士协会"的字样。形势紧张了一些天，我不喜欢这种敌对的局面，便出面和他们谈判，提议互不侵犯，很容易就达成了和解。

我家住在那个大院子里的时间并不长。上初三时，人民广场扩建和整修，那个大院子被拆掉了，我们只得又搬家。现在回想起来，那两年半是我少年时代玩得最快活的日子。那时候，人民广场一带还很有野趣，到处杂草丛生。在我家对面，横穿广场，是人民公园。我们这些孩子完全不必买门票，因为我们知道公园围墙的什么位置有一个洞，可以让我们的身体自由地穿越。夏天的夜晚，我常常和伙伴们进到公园里，小心拨开草丛，用手电筒的灯光镇住蟋蟀，然后满载而归。在那个年代，即使像上海这样大城市里的孩子也能够玩乡下孩子的游戏，比如斗蟋蟀和养蚕。我也是养蚕的爱好者，每年季节一到，小摊上便有幼蚕供应，我就买一些养在纸盒里。伺弄蚕宝宝，给它们换新鲜的桑叶，看着它们一点点长大，身体逐渐透亮，用稻草搭一座小山，看它们爬上去吐丝作茧，在这过程中，真是每天都有惊喜，其乐无穷。

我想说的是，一个上初中的孩子，他的职责绝对不是专门做功课，玩理应是他的重要的生活内容。倘若现在我回忆我的初中时光，只能记起我如何用功学习，从来不曾快活地玩过，我该觉得自己有一个多么不幸的少年时代。当然，同时我也是爱读书的，在别的文章中我已经吹嘘过自己在这方面的事迹了，例如拿到小学升初中的准考证后，我立即奔上海图书馆而去，因为这个证件是允许进那里的最低资格证件，又例如在家搬到离学校较远的地方后，我宁愿步行上学，省下车费来买书。孩子的天性一是爱玩，二是富有好奇心和求知欲，我庆幸我这两种天性在初中时代都没有受到压制。让我斗胆说一句狂话：一个孩子如果他的素质足够好，那么，只要你不去压制他的天性，不管他上不上名校，他将来都一定会有出息的。现在我自己有了孩子，在她到了上学的年龄以后，我想我不会太看重她能否进入名校，我要努力做到的是，不管她上怎样的学校，务必让她有一个幸福自由的童年和少年时代，保护她的天性不被今日的教育体制损害。

2002年10月

做不焦虑的父母

父母们的焦虑是压在中国孩子心灵上的最沉重负担。

让家长们结束恐慌

又一个新学年开始了。女儿上小学，这学期升三年级。放暑假前，听说她班上许多家长争相替自己的孩子报名，上各种名目的特长班，有的同时报了四种不同的班，而目的竟是为四年后的"小升初"做准备。"小升初"，就是小学升初中，原是义务教育范围内顺理成章的事情，怎么会让人如此惶恐不安，以至于要在小学三年级就开始做准备？我感到不可思议，就上网搜索，键入"小升初"，找到"小升初网"，才发现其中大有名堂。

按照规定，小升初的原则是"免试就近入学"。但是，原则只是原则，改变不了一个强硬的事实，就是教育资源的分配不平衡，那些拥有雄厚资源的重点学校、名牌学校便成了人心所向。既然允许择校，家长们就趋之若鹜，即使要收取昂贵的择校费，名额仍供不应求。在这种情况下，这类学校就用招收特长生的办法来缓解矛盾。这个办法的妙处是，还可以借势自办或与社会培训机构合办相应的特长班，成为创收的新门路。近些年来，特长生招生的数量和规模逐年增长。对于家长们来说，若想让孩子上好学校，获取各种特长证书是最重要的途径，于是大家一窝蜂地挤在这条道上。据报道，北京市今年的小学毕业生中，家长选择择校的几近半数。特长生测试的那几天，相关学校门口"送子赶考"的场景十分壮观。事实上，家长们心里很无奈，多数是抱着侥幸的心理，带着孩子赶场似的一天跑好几所学校，希冀能被其中的一所相中。由于特长证书是考核的主要凭据，证书的级别和数量就成了录取的关键。有记者看到，在某校报名处，一个家长手里拿着孩子的四十多份证书，引得其他家长羡慕不已，后悔给孩子拿证书拿得太少。可以想象，现场的这种攀比本身是最有力的广告，会促使各种特长班的生意越来越兴旺。

除了小升初的特长生招生，中考和高考也有各种名堂的加分政策，其中包括给在文艺、体育、科技等方面获奖的特长生加分。前不久，新华社、《中国青年报》等媒体揭露，在执行加分政策的过程中出现了钱权交易、作弊造假等问题，这些媒体因此发出"不能让加分成为腐败通道"的呼吁。据上海《新闻晨报》报道，在这个暑期里，上海甚至兴起了一种专门传授"加分秘籍"的培训班，学费高达三万元，仍吸引了不少家长。

当我面对这些荒谬的现象时，最令我悲哀的是由之反映出的中国家长的普遍恐慌心理。从上小学开始，多数家长就在为孩子将来的逐级考学而恐慌了，直到孩子考上大学，恐慌才告一段落。这种情况在中国可谓史无前例，在当今世界上大约也绝无仅有。正是在这种恐慌心理的支配下，家长们不断做出非理性的选择，眼下千军万马涌向所谓特长生这座独木桥的荒唐情景只是其中一例。音乐、绘画、体育这些才能，从一个方面来看，是特殊的天赋，只有少数人适合于以之为专业；从另一个方面来看，又是全面发展的人的基本素质，每一个人都可以以之为自己的爱好。把所谓特长的考核纳入应试教育体制，其结果一方面是使艺术教育、体育的性质发生了扭曲，把它们由人的天性自由发展的形式蜕变成了应试的工具；另一方面则在原已过于沉重的功课之外又给孩子们增添了新的负担。

家长们之所以普遍产生恐慌心理，根源是今天的教育体制。其中主要的因素是：第一，学校类型单一化，就业与高学历挂钩，上大学几乎成为正常就业的唯一途径；第二，能否上大学和上怎样的大学又取决于高考，高考的威力自上而下笼罩各级教育，高考录取率成为中等教育的唯一目标和评价标准，应试教育得以全面贯彻；第三，有些重点学校凭借优势资源成为"高考能校"，又以此为资本进行权力寻租，巧立各种名目敛财。这些环节彼此联结，形成了一种逼迫学生和家长进行恶性竞争的态势，于是恐慌弥漫开来。在相当程度上，可以说是一些教育机构在利用现行体制有意地制造恐慌，借以牟利。事实上，围绕着各级升学考试，已经形成了一个巨大的产业，包括针对中小学生的各种补习班、特长班，针对各级考试直至考研究生的辅导班，泛滥成灾的教辅和考辅书籍及材料。这个产业很大一部分是不折不扣的垃圾产业，且不说大量以赚钱为唯一目的的粗制滥造和弄虚作假，即使是所谓"名师"讲授的辅导班和编写的辅导材料，高明之处也无非是押题猜题有一套，与真正的智力教育风马牛不相及。这样一个产业得以兴旺，恰恰证明了现行考试制度的可悲。这是一个寄生在现行考试制度上面的产业，我仿佛看到，在通向高考的窄路上，从小学到中学，关卡林立，商贩密布，强迫或诱骗行人留下买路钱，受害的当然是广大学生及其家长。

那么，为了让家长们结束恐慌，根本的办法还是要革除现行教育体制的弊端。不过，我想在这里强调，对于弊端的革除，家长们也有一份责任。事实上，你们的恐慌也助长了弊端的肆虐，二者之间有一种共谋关系。我要向你们讲两个很简单的道理。第一，在恐慌心理的支配下，你们驱策孩子上各种班，互相攀比，这样做只会在总体上加剧不良竞争，而被录取的人数不会增加，结果多数孩子的班是白学了，获利的只是办班的机构。第二，即使你的孩子在不良竞争中获胜，付出的代价也太大，牺牲掉的是童年的幸福。从长远来看，孩子将来是否有出息，身心的健康生长远比一纸文凭重要。所以，你们自己要保持清醒，拒绝恐慌，拒绝不良竞争，倘若中国的多数家长都有这样的觉悟，现行教育体制想不变也难了。

2006年8月

把赌注下在素质教育这一边

我收到一个今年应届高中毕业生的来信，她叫王卉媛，在信中详细叙述了她抵制应试教育并获成功的经历。大致情况是，在父母顺其自然的教育态度和自己兴趣至上的学习态度支配下，从小学到中学，她似乎一直不用功，也没有上任何课外班。但是，她喜欢看"闲书"，包括简本英文小说，高中时迷上了相对论、哲学等。兴之所至，还看动漫，看科学类电视节目，写作、画画。她的课内成绩长期平平，但奇迹般地后来居上，最后轻松地考入了北大中文系。

我在我的公开邮箱中发现了这封信，读得津津有味。今年1月，我出版《宝贝，宝贝》一书，书中叙述了我在女儿的教育上的做法，也是把快乐和兴趣放在第一位，鼓励她看"闲书"、想问题，不上任何课外班，结果很好，即使在应试上也名列前茅。我的女儿毕竟刚升初中，王卉媛已经度过应试教育中最艰难的中学阶段，她的案例是更有说服力的，证明了在应试体制下，个人——包括作为个体的学生、家长、教师——仍有可能最大限度地坚持素质教育，与应试体制相抗争，并且做到在这个体制中也不成为输家。

我相信，类似的案例一定还有不少，只是这一个碰巧让我知道了。我还相信，一定有更多的学生和家长处在矛盾之中，一方面对应试体制的祸害有切肤之痛；另一方面又怕抗争会使自己遭到淘汰，只好痛苦地被它拖着走。对于他们，王卉媛的案例尤其具有激励的作用，能够在抗争这一边增加一个砝码。因此，在征得她的同意之后，我把她的信和我的回信发表在了我的博客上。

反响非常热烈，许多人表示赞赏和受到鼓舞，也有不少质疑的声音，网友们围绕这个案例展开了讨论。被质疑得最多的一点是：王卉媛考上了北大，你为她叫好，你岂不仍是在用应试的结果衡量教育的成败？是否可以认为，她的方法不是应试的，而最终的评价指标仍是应试的？对于这个质疑，好些网友替我做了回答，他们指出：这个故事的主题与北大无关，作为一次突破应试教育的阶段性成功，北大只是做了一次检测的量具，这个故事真正的主题是有关教育，有关人的成长和人才的培养；即使没有考进北大，只要她保持对学习的喜欢、兴趣和研究性学习的能力，这在任何一所大学，都将使她收获到更多，也必将对她今后的人生带来更有价值的东西。这些话都说得非常好。

我真不认为考上北大有什么了不起。我在给王卉媛的回信中说："北大现在也沾染了这个时代的许多毛病，你仍要独立思考。"遵循应试轨道考进名校的人多的是，她的特别之处在于，从不以名校为目标，考上北大仿佛只是一个意外收获，是坚持自我素质教育的一个副产品。她在应试上的成功不是证明应试正确，而是证明对付应试可以有别的方式。我一向认为，在学生阶段，衡量教育成败的标准是看是否拥有了两种能力，一是快乐学习的能力，二是自主学习的能力。喜欢学习，能够按照自己的兴趣安排自己的学习，这就是好的智力素质，这样的学生不管是否考进名校，将来都会有出息。

事实上，王卉媛考上北大多少带有偶然性，她自己也为她运气太好感到不安。有网友指出，她的这种方式充满风险，完全有可能在应试上失败，所以家长们哪敢冒这个险。我们的确不能低估应试体制的威力，与这个体制抗争的人未必都像王卉媛那样幸运，一定会有人在考场上折戟。应试体制实际上把所有学生和家长逼入了一个赌局，一边是应试教育，另一边是素质教育，看你把赌注下在哪一边。现在的情况是，绝大多数人把赌注完全押在了应试教育上，竭尽全力成为赢家。在我看来，这样做的风险其实更大，如果赢了，不过是升学占了便宜而已；如果输了，就输得精光。相反，把赌注下在素质教育这一边，适当兼顾应试，即使最后在升学上遭遇一点儿挫折，素质上的收获却是无人能剥夺的，必将在整个人生中长久发生作用。所以，以素质的优秀为目标，把应试的成功当作副产品，是最合理的定位。

其实，只要真正注重素质的培养，有了好的智力素质，应试也不会太困难。智力是一种综合素质，其效果一定会体现在需要运用智力的一切事情上，包括功课和考试。王卉媛对语文和英语的死板教学方法十分抵触，但因为喜欢读文学作品和英文小说，结果课内成绩也能轻松地保持优秀。她如此谈自己的体会："应试考查的是素质中的冰山一角，拥有整座冰山的孩子当然不会害怕有人来试探他的边沿。"有网友认为此言涉嫌为应试教育辩护，我理解她的真正意思是，即使应试只考查露出水面的东西，你仍应该让自己拥有整座冰山，而不只是一块浮冰。针对某些网友谴责她能上北大是应试上的不公平，对她的自我素质教育却毫无所感，一位网友说得好："这是很悲哀的，简直就像放着金子不拿，却和别人争夺分配石头的公平。"

还有的网友认为，王卉媛只是一个特例，她有天分，爱学习，所以能实施素质教育，绝大多数孩子不肯主动学习，就必须实施严格的应试教育。我们的确看到，现在不喜欢学习的孩子似乎占多数，然而，正如王卉媛所指出的：现在的学生之所以学得那么痛苦，就是因为在应试体制下被残忍地剥夺了"喜欢"的能力。学习不快乐原是应试教育的恶果，怎么能反过来把它当作应试教育的理由呢。这样做的结果只能是恶性循环，越应试就越不爱学，越不爱学就越强化应试，走进了死胡同。人都要追求快乐的，现在许多孩子之所以沉湎于玩电脑游戏、网聊、追星、八卦，就是因为在学习中得不到快乐，只能用低级快乐来替代了。人的天赋当然有差别，但是，孩子都有旺盛的好奇心和求知欲，只要正确引导，每一个孩子都能尽其天赋生长得最好，这正是素质教育的目标。所以，天赋的差异绝非实施应试教育的借口。

王卉媛在给我的信中一再为自己的幸运表示不安，觉得这对于许多挣扎在应试体制中的孩子来说是一种不公平。我回信劝慰她说："不公平是体制造成的。在一场规模巨大、旷日持久的灾难中——今天的教育正是这样的一场灾难——有大量遇难者，只有少数幸存者，这是没有办法的。难道所有人都遇难才公平吗？当然不，为了战胜灾难，为了灾后重建，幸存者越多越好，凭借自己的能力和机会成为幸存者，这本身就是一种贡献。"这是我的真实想法。应试体制的弊端有目共睹，业已引起政府和各界人士的关注，但积重难返，改革之路艰难而漫长。

在这个过程中，个人不是无能为力的。把主要力气花在素质教育上，向应试教育争自由，能争到多少是多少，在应试体制面前保护孩子，能保护一个是一个，这不但是可行的，而且是一种责任。在一切战争中，保存和发展有生力量是一个基本原则，在素质教育与应试教育之战中也是如此。可以确信，抗争者的队伍壮大了，两种教育之间的力量对比就会发生变化，应试体制要不变也难了。现在它既然已经失人心，那么，让我们共同努力，让它也失天下吧。

2010年8月

面对应试教育的方略

啾啾上小学后，作为家长，我面临一个难题，就是在现行教育体制的框架内，如何尽量减少其弊端之害，保护她的健康生长。有的家长采取决绝的态度，把孩子留在家里，自己教孩子，我认为这种方式弊大于利，使孩子既失去了与同龄人交往的机会，又不能受系统的基础教育，而这两点对于孩子的心智生长是非常重要的，所以从未予以考虑。但是，我也不会像许多家长那样，让自己和孩子完全被这个体制牵着走。有限度地顺应这个应试教育的体制，同时在其中最大限度地坚持素质教育的方向，戴着镣铐争取把舞跳得最好，也许是无奈中的最佳选择。

面对应试教育有两种方略。一种是完全把赌注押在应试教育上，竭尽全力让孩子成为优胜者，如果赢了，不过是升学占了便宜而已；如果输了，就输得精光。另一种是把重点放在素质教育上，适当兼顾应试，即使最后在升学上遭遇了一点儿挫折，素质上的收获却是无人能剥夺的，必将在孩子的一生中长久发生作用。

其实，根据我的体会，只要真正注重素质的培养，孩子有了好的智力素质，应试会是相当轻松的事。智力是一种综合素质，其效果也一定会体现在需要运用智力的一切事情上，包括功课和考试。所以，以素质的优秀为目标，把应试的成功当作副产品，是最合理的定位。啾啾做功课一直比较省力，考试成绩在班上也始终名列前茅，无疑是得益于综合素质。比如语文，她的成绩总是前一二名，这当然和她喜欢读书直接有关。

我坚持一个原则：不给啾啾报任何课外补习班、辅导班、特长班、提高班。现在她小学六年级了，六年里，她真的是一个这样的班也没有上过。这在她的班上是绝无仅有的，一个孩子在周末上好几个班是普遍现象。有一回，班上推荐若干同学上区里的奥数班，她被选上了，回家来征求我的意见。我举出她班上一个一直在上奥数班的同学，问她，和这个同学比，两人谁的数学成绩好。她说是她，我说这不就行了，事情就这样决定了，而她也很高兴。她妈妈曾经表现出一点儿动摇，觉得人家都上，唯独我们不上，好像不放心，我一个责备的眼色，她就不再提了。

我之所以如此坚决，理由有三。其一，孩子的课余时间已经非常有限，绝不能再给她增加负担，我要捍卫她的休息、玩耍和课外阅读的时间，这也就是捍卫她的健康、快乐和真正的优秀。其二，我看透了这类班，料定它们没有多大价值，即使在应试上也基本如此，在多数情况下，只是把课内的教学内容提前讲授，反而打乱了知识的内在秩序，不利于理解和吸收。其三，我甚至对这类班深恶痛疾，因为我清楚，它们是当今寄生在应试教育上的整个产业链的重要一环，对于加剧教育不公平和教育腐败起着恶劣的作用。

（摘自《宝贝，宝贝》第三卷）

严重的问题是教育家长

——在长沙新家庭教育文化节论坛上的演讲

我想套用最著名的湖南人毛泽东说的"严重的问题是教育农民"这句话，来表达我对教育改革的阻力来自家长的强烈感受，我的演讲题目是《严重的问题是教育家长》。

为什么这么说呢？一般的理由是，迎来小生命，成为家长，这是人生中的全新经历，必须在实践中摸索，即使专门教育家也是如此。上帝给了你全新的使命，为了配得上这个使命，你必须提高自己，进行自我教育。

当然，更有特殊的理由，这是我们时代的问题，我觉得主要是三个。

第一是价值观扭曲，社会上普遍的急功近利的价值观导致了畸形的家庭教育。父母往往试图对孩子的一生做出功利性的安排，成功的父母一心在孩子身上复制、延续自己的成功，不成功的父母一心在孩子身上弥补自己的不成功，都把孩子当作功利诉求的承担者和执行者、一个成功的符号，唯独不当作一个活生生的生命、一个独特的灵魂。

第二是家庭教育被应试教育绑架，多数家长身不由己地成为应试教育的仆役，少数家长自觉地充当帮凶和打手。我的女儿曾经在北京的一所重点中学上初中，那位校长非常有见地，决定精简课时，给初三学生每天减少一节课，增加一个小时自由时间，我女儿和我为此都特别高兴。可是仅仅两个星期，这个举措就被取消了，我问校长为什么，他说是因为家长们纷纷抗议。这是家长们的普遍心理，认为学校在应试上越下力气，孩子就越占便宜，否则就觉得吃亏了。孩子本来是应试教育的直接受害者，改革的阻力却更多的来自家长，这实在是太扭曲了。一些所谓高考能校搞封闭的集中营式办学，许多家长挤破头要把孩子往虎口里送。中学生心理问题严重，我认为问题主要出在家长。

第三是有的家长认识到了素质教育重要，但不知道作为家长应该做什么和怎么做。

针对这三个情况，我谈三个问题。

一、父母怎样对孩子的将来负责

很多家长有一个糊涂的雄心，想要安排孩子的整个人生，从入学、升学到工作、出国，从结婚、生子到买房、买车，规划得非常详细。这真是极大的误区。你这样做，孩子成为心智上的弱者，你不论怎样苦心经营全都白费。

我有两个孩子，大女儿已经去美国上大学了。通过养育孩子的过程，我看得越来越清楚，父母仅仅是孩子的临时监护人，多么心肝宝贝，也只是暂时寄养在你这里的，孩子会长大，送行的一天必然会到来，父母再舍不得也不能同行。我说的临时监护人还有更加深刻的含义，你只是生了孩子的身体，他的灵魂另有来源，决定了他在人世间的走向。就像纪伯伦说的："他们只是借你而来，不是从你而来，你可以给他爱，但是不能给他想法，因为他有自己的想法。"所以，不管你怎样精心设计和运作，孩子的未来不会听从你的安排，往往还让你大吃一惊。由此可知，父母的职责只是做好监护人，给孩子一个良好的生长环境，这样你就可以心安了。至于孩子将来走什么样的路，不是你能支配的，他的荣耀不是你的功劳，他的黯淡不是你的过错。

人生没有一个阶段仅仅是为下一个阶段做准备，儿童期本身就具有独立的崇高价值。"长大成人"这个概念本身就很荒唐，长大才是人吗，儿童不是人吗？所以，童年的价值一定要在儿童期实现出来，让孩子有一个幸福而有意义的童年，以此为他的幸福而有意义的一生打好基础。这个基础太重要了，如果童年是扭曲的，其危害往往不可弥补。家长一定不要试图给孩子的未来定位，让孩子自己做决定吧，他做的决定会比我们做的好一百倍。家长切不可在孩子身上施展宏图，孩子健康快乐就足矣。他现在的状态对头，将来差不了；现在不对头，你为他的将来操碎心也没有用，而且正因为你现在对他的将来操心太多太细，他现在的状态就已经不对头了。

二、不做应试教育的同谋

应试教育对孩子身心的损害有目共睹。一边是应试教育，一边是孩子，你要站稳立场，坚定地站在孩子这一边，保护孩子尽量少受损害。不要犯立场错误，做应试教育的同谋，就是犯立场错误。

不做应试教育的同谋，会不会有风险？这是一个赌局，是赌局就会有风险。现在大部分家长把赌注下在应试教育这一边，在我看来风险更大，即使赢了也只是在升学上占了便宜，上一个比较好的学校之类，但是一旦输了，就全盘皆输，输得精光。如果把赌注下在素质教育那一边，适当兼顾应试，即使在升学上吃了一点儿亏，遭受了一点儿挫折，我相信只要素质好，这好的素质在人生中是长久起作用的。据我所知，北大、清华等名校的毕业生，平庸者多的是。相反，只要是好的种子，一旦有了合宜的环境，自然会长成参天大树。

我认为，在现行应试教育体制下，好的家庭教育对于学校教育应该起到两个作用。一是给素质教育加分，以弥补学校里素质教育的缺失。这当然要求家长自身具备较高的素质，从而能够在课外阅读、兴趣培养、艺术熏陶等方面给孩子以影响和指导。二是给应试教育减负，以保护孩子的身心健康。孩子已经承受了巨大的功课压力，家长至少不应该再加压，在课外给孩子加上各种培训班、补课班的重负。家长自己能以平常心看待孩子的应试成绩，也会使孩子在心理上轻松不少。相反，家长的紧张心理和苛责行为往往是笼罩在孩子心灵上的最浓重的阴影，是导致孩子痛苦乃至崩溃的直接原因。

家长要用平常心看待孩子的应试成绩，孩子已经承受了巨大的功课压力，家长不可以再给他加压了。家长心态平和，会使孩子在心理上轻松不少。相反，家长的紧张心理和苛责行为，往往是笼罩在孩子心灵上的最沉重的阴影，是导致孩子痛苦乃至崩溃的直接原因。我从来不给孩子报课外班，并且一直鼓励孩子对应试成绩抱轻松的态度。女儿上初中时，成绩在全年级是第十几名，有一次期末考了第一名，我说："下不为例，以后不准考第一，保持原来第十几名就可以了。"我是担心她因此有心理压力，以后一旦不能考第一心里就难受。后来她果然回到了第十几名，心情依然愉快。

三、家庭中的素质教育

好的家庭教育应该起两个作用，一是给应试教育减负，二是给素质教育加分。这就要说到在素质教育方面，作为家长应该做什么和怎么做了。我有以下建议。

第一，家长自己要提高素质。父母是孩子的榜样，熏陶是不教之教，会对孩子发生潜移默化的影响。不管你的文化水平是高是低，你都要爱学习。你自己不读书，却逼迫孩子用功，结果往往徒劳。

第二，留心和鼓励自然生长的智力品质。孩子都有好奇心，你要倾听和鼓励孩子的发问，和他平等讨论，由此培养他的独立思考的兴趣和能力。尤其在孩子年幼的时候，这是父母在智力教育方面所能做的最有价值的工作。

第三，尊重个性和天赋的差异。好的教育是能够让一个人成为最好的自己的教育。我的两个孩子，女儿是全优生，儿子偏科，语文很差，数学很好，体育是尖子，我一律赞扬。我真心感觉，孩子不一样，生命真奇妙。绝不可用分数估定孩子的价值，要发现和鼓励他的特长，保护他的自信心和自尊心。

第四，做用心的父母，为孩子记录成长。这会使你对孩子的观察更细致，感觉更敏锐，对家庭教育的思考更自觉。

今天的论坛名为新家庭教育论坛。我们期待新家庭教育，而在我看来，新家庭教育其实就是最古老的家庭教育，就是要回归到家庭教育的正常状态，回归到人性，回归到常识，回归到孩子的天性和童年的价值。

2017年4月

为生长创造友好的环境

——在搜狐教育2020年度盛典上的演讲

教育即生长，是哲学家卢梭和杜威强调的教育理念。在2015年搜狐教育年度论坛上，我讲了对这个理念的理解，就不再重复。生长需要友好的环境，包括学校、家庭、社会三个方面。现在这三个方面的环境都很不友好，在学校里是应试导向的激烈竞争，在家庭中是家长的严重焦虑，在社会上是扭曲的价值观，像三座大山压在孩子们的心灵上。所以，今天我讲《为生长创造友好的环境》这个题目。

一、抑制应试导向的激烈竞争

学校本应是和平的乐园，现在却成了硝烟弥漫的战场。从小学甚至幼儿园开始，战争就拉开了序幕。有两条战线。一条战线是家长们为争夺优质教育资源而战，年轻的父母生了一个娃娃，就开始为学区房、好幼儿园、重点学校焦虑和拼搏了。另一条战线是孩子们为分数和升学而战，从小学、初中到高中，愈战愈烈，没有休战的时候。我本来想说，我们必须叫停这种恶性竞争，但我知道做不到，叫了这么多年也没有停，不得已求其次，我希望至少能够加以抑制。

恶性竞争的根源，归根到底是应试教育。童年和少年是孩子身心生长的关键时期，教育的使命是让孩子们的身体和心灵得到健康的生长。可是，我们的教育把沉重的功课负担压在孩子身上，孩子们普遍睡眠不足，眼睛近视，健康不佳。我们的教育也从来不把学生看作一个完整的心灵，拥有理性、情感和意志的丰富精神世界。心灵被缩减为理性，把情感和意志删除了。理性的核心是独立思考的能力，也被删除了，理性被缩减为知识，知识又进一步被缩减为应试和分数。这样一步步缩减的结果，造成了一种极端片面化的教育，所有学生都被驱赶到应试的独木桥上，竞争怎么会不激烈呢。

我们口头上都会说德智体美全面发展，我们的学校里也的确开了德育、美育、体育的课程，但是，全面发展不是上几堂课就能够得到的。心灵是一个整体，道德和审美都是心灵感受生活意义的方式，唯有真正感受到生活的意义，心灵中才会萌生真实的审美情感和道德情感，才会发现世界和人生的美，向往成为善良、高尚的人。恶性竞争的严重后果正是在这里，在漫长的童年和少年期，孩子们感受不到生活的意义，基本上都是盼望快快长大，早日结束痛苦。教育是生活，而我们的教育却使孩子们觉得，他们在整个学生时代没有生活，生活在未来。真的到了未来，走上了社会，由于心灵的贫乏，许多人成了所谓空心人，必定仍然是感到生活没有意义。

应试导向的竞争不但阻碍了心灵的全面发展，而且阻碍了个性的发展。每个人都是一个独特的个体，有自己特殊的禀赋和性情，教育应该尊重差异，让每个人的禀赋得到生长，性情得到满足，成为最好的自己。可是，在应试体制下，从小学开始，人的价值就被分数估定。全优生荣耀，因此而自负，差生遭受歧视，因此而自卑，其实心理都不健康。分数面前人人平等，但分数至上本身就是一种不平等的竞争。事实上，许多后来大有作为的人，当年在学校里都被看作差生，备受压抑。有的孩子有艺术或体育天赋，学习成绩差，为什么不该享有荣耀？有的孩子是数学尖子，语文差，全优有什么必要？我们应该淡化分数的作用，让每个学生因为自己的长处受到尊重，得到友好的对待，拥有快乐和自信。孩子本来是最不势利的，如果不是片面的评价体系起支配作用，他们是自然而然会被彼此的长处吸引，友好相处的。

二、严重的问题是教育家长

对于孩子心灵的生长，家庭常常也是一个不友好的环境。中国的父母普遍有严重的焦虑情绪，在我看来，父母的焦虑是压在中国孩子心灵上的最沉重的负担。焦虑因孩子的学习而起，必然导致亲子冲突，经常还导致夫妻冲突。战火从学校延烧到了家庭里，家庭里也是硝烟弥漫。孩子知道自己是父母焦虑的原因，经常还是父母冲突的原因，会产生负罪感，也会产生逆反心理。

家长之所以普遍焦虑，主要根源仍是应试教育。在很大程度上，家庭教育已被应试教育绑架。孩子上了一天学，回到家里，要做大量的作业，家长负有监督、检查乃至辅导的责任，事实上在应试教育中被强派了一个角色。分数、考试、升学是硬指标，也使得家长在不同程度上对应试教育予以配合。大多数的家庭，父母和孩子相处的时间，不是在对付作业，就是在赶各种课外班，家庭教育的空间完全被应试占领，因此也就不存在真正的家庭教育了。

但是，应试教育虽然有很大的强制性，家长仍是有一定的选择自由的。你可以站在应试教育一边来对付你的孩子，你也可以站在你的孩子一边来对付应试教育，立足点不同，做法就会不同。现在的情况是，多数家长身不由己地成了应试教育的仆役，少数甚至自觉地充当它的打手，用残暴的手段对待自己的孩子。孩子在学校里功课不好，如果家长对此有一个正确的态度，不那么焦虑，给他一个宽松的家庭环境，他就还有喘气的机会。可是，如果家庭和学校沆瀣一气，孩子就真的没有活路了。

父母都是爱孩子的，之所以焦虑，之所以大力配合应试教育，主观愿望是要让孩子有一个美好的未来。但是，在应试教育的框架里规划孩子的未来，这个思路本身就错了，你应该跳出来，看一看广阔的人生图景，想一想根本的人生道理。你不要以为，把孩子的整个未来都规划好，一路上好学校，然后谋一个好职业，这样才算是尽了父母的责任。我想提醒你的是，孩子的未来岂是父母决定得了的？但父母可以给孩子以正确的教育，使他有健全的人格和良好的素质，从而具备自己争取幸福和承受苦难的能力。

总之，我对家长有两点建议。第一，给孩子的学习松绑，不要把应试的成绩看得太重。第二，给父母的责任松绑，不要企图规划孩子的未来。有了这两个松绑，孩子轻松，你也轻松，家庭氛围就会愉快和谐，在这样的氛围中，才可能有正确的家庭教育。

三、确立多元和谐的价值认知

无论学校里的应试竞争，还是父母们的育儿焦虑，都反映出当今社会的价值观出了问题。正常的社会生态应该是多元和谐，每个人按照禀赋和兴趣的不同、能力的大小，各得其所，分工合作，组成一个和谐的社会。现在人们的价值认知十分狭窄，唯成功是求，而衡量成功的标准又十分单一，无非是名利、地位，出人头地，或者谋一个风光的职业。人们假定，如果应试成功，就比较有把握取得这种社会上的成功。

一个简单的道理是，所谓成功人士必定是少数，而平凡是大多数。无论你多么拼命，你的孩子将来能不能出人头地，是完全不可把握的，可是你却预先让自己和孩子为之纠结了。至于所谓风光的职业，如果你的孩子兴趣和能力的类型和它不匹配，你硬把他塞进去，等待他的只能是挫败和痛苦。所以，最好的做法是持有平常心，第一允许和接受你的孩子将来成为一个普通人，第二鼓励和支持你的孩子选择符合他的兴趣和能力的职业。有了这种平常心，你就自由了，不会再为不靠谱的将来而败坏你和孩子现在的心情和生活了。

事实上，无论父母多么精心规划，孩子将来的选择并不遵循你的规划，往往还让你大吃一惊。我有一个朋友，理想是把孩子送进哈佛，为此在哈佛旁边买了一所房子。孩子在波士顿读完中学，因为喜欢厨艺，坚决报考了美国的一所厨艺学校。这使他极为痛苦，几乎崩溃，觉得自己的教育全盘失败。我对他说，不算全盘失败，因为你的教育至少没有磨灭掉孩子的天性，他还有自己真实的爱好，找到了适合自己的位置。在我看来，只要孩子找到了适合自己的位置，教育就是成功的。最可怕的是无论从事什么职业都不喜欢，没有一个位置是适合他的，这才是教育的彻底失败。

2020年12月

倾听孩子的心声，探寻教育的智慧

——品读《我想尖叫——悠悠日记》

　　这是一本很特别的书，由两个部分组成。主体部分是女孩刘月珥（小名悠悠）小学三至五年级的日记以及少量作文，共一百篇。但是我们千万不要忽视另一个部分，就是刘云耕先生写的前言和五十九篇点评"爷爷的话"，虽然占的篇幅相对少，却使这本书超出了儿童文学的范畴，成了一本召唤今天中国家长和教师共同探寻教育智慧的警世之书。

　　这本书的问世似乎出于偶然。悠悠养成了写日记的习惯，她是给自己写的，压根儿没想到会发表，家长也绝无这个念头。到小学毕业时，她写了满满两本。征得孙女的同意，刘云耕读了这两本日记，深受震动。悠悠是一个阳光女孩，日记中不乏欢畅温暖的叙述，但是让他感到意外的是，这个幼小的心灵还经历了许多烦恼。他敏锐地意识到，在很大程度上，悠悠的烦恼是一代孩子的共同烦恼，反映了今天教育的普遍问题，于是产生了出版这本书的想法。

值得敬佩的是，虽然悠悠在日记中对爸爸妈妈有许多吐槽，还有相当篇幅描述充满火药味的家庭场景，她的爸爸妈妈仍然同意公开这些日记，这的确是需要勇气和大爱之心的。现在有些父母出版自己孩子的作品，往往是为了炫耀孩子的优秀和自己的教子有方，本书彻底颠覆了这个平庸的逻辑。读者可以看到，悠悠的文字功夫很好，在小学生里非常突出。但是，换了爱虚荣的父母，是绝不肯为这一点儿荣耀而付出"家丑"外扬的代价的。在此之前，我不曾看见过类似的文本，年轻的父母敢于坦诚曝光自己家庭教育的得与失，以供今天的家长们切磋和思考。

事实上，悠悠的日记非常适合做这样的文本。首先是因为，这是她为自己写的私密日记，十足原生态，而她是一个率性的孩子，心直口快，在日记里同样如此，直抒胸臆，一吐为快，如实记下自己的感受和心理活动。过重的学习负担，课外班的逼迫，由此引发的家庭争吵和争吵后的愤懑，这些在许多家庭中上演的场景，悠悠仿佛代表一代孩子喊出了对此的抗议。再者，悠悠是个小机灵，很善于思考。请读一下《"优姐"吐槽会》中"家长攀比"这一节，她把今天家庭教育问题的症结讲得很到位，就是望子成龙，攀比，剥夺孩子的快乐。再请读一下《为什么小朋友没有权利？》，她把亲子平等、家庭民主的道理讲得很透彻，简直是一篇儿童人权宣言。最后，总的来看，悠悠身心生长良好，她学习成绩中上，爱好阅读，喜欢游泳、打网球、攀岩、溜冰等体育运动。在今天的教育体制下，她不是一个失败者，实际上还适应得比较好。正因为如此，她对弊端的感受是毫不夸张的，她的倾诉是更有代表性的。

童言无忌，智者有心，听懂孩子的心声是需要智慧的。否则的话，听到的就只是任性、淘气、胡闹，因此心生厌烦。或者，由于所谓隔代宠，听到的就只是委屈和娇嗔，因此盲目呵护。刘云耕是慈爱的长辈，更是一位智者，他的爱是有大格局的。他疼爱孙女，也关爱天下的孩子，对教育问题有深入的观察和思考，因此，他读悠悠日记的时候，才会触发出许多思绪，内心不能平静。在"爷爷的话"中，针对悠悠日记的相关内容，他表达了诸多睿智的见解，我有强烈的共鸣，这里仅择其要者略述一二。

　　主题是家庭教育，即今天如何当父母。成为父母是自然之道，当合格的父母却需要智慧。父母的智慧体现在家庭教育的各个方面，针对今日的现状，我认为刘云耕所讲有三点尤其值得重视。一、父母要关注孩子的心理，学会读懂孩子的心理秘密，了解他们与成人不一样的观察眼光和思维方式。二、要营造民主的家庭氛围，尊重孩子，平等对待，亲子之间愉快地沟通和交流。三、在孩子的学习上，既要顺应和激发兴趣，又要建立适当的规则，科学地把握"引"和"逼"的分寸。这三点正是今天的家庭教育中普遍缺失的，常见的情形是，父母不懂甚至根本没有想到要懂孩子的心理，在家里搞"一言堂"，只用"逼"的方式驱迫孩子学习。究其原因，诚然与父母的素质有关，说明当了父母就必须提高素质，逐步增长教育的智慧。然而，有一个东西在阻碍父母们提高素质，增长智慧，这个东西就是中国父母们的严重焦虑。

　　刘云耕指出：家庭教育被应试教育绑架，年轻父母的焦虑大都由此产生，亲子冲突也多因繁重的学业压力、家庭作业、种种校外班等矛盾的积累所引起。我曾经说：父母们的焦虑是压在中国孩子心灵上的最沉重的负担。现在我要补充说：这个焦虑也是堵塞中国家长的教育智慧的最大窒碍物。在焦虑的重压下，人不再觉得自己是自由的，一切只能唯应试教育之命是从。可是，实际上，在任何环境中，人总是有一定的选择自由的。正如刘云耕所说：如果家长和老师能站在孩子一边，理解和同情孩子，用你们自身的力量和方式去缓解应试教育这个痼疾，减轻孩子的学业负担和心理负担，那就是孩子的福音了。焦虑堵塞了教育的智慧，而倘若你能够站得高，看得远，有正确的价值观，把孩子的身心健康和一生幸福放在第一位，这便是大智慧，用这个大智慧解除焦虑，探寻教育智慧的道路也就向你敞开了。

刘云耕比我小两岁，我们是同代人。我的人生季节有些脱离常规，在当爷爷的年龄上，子女却是今天应试体制下的受教育者。然而，我发现，不管隔不隔代，在孩子教育的问题上，我们的态度和认识高度一致。我由此想到，对于所谓隔代宠，是应该细加辨析的。我们这一代人，当年成长的环境和今天很不同，不存在应试攀比和激烈的功利竞争，因此对今天的教育状况会有警觉。同时，年龄和阅历也会使我们着眼于人生的整体品质，看轻短暂的得失和表面的荣辱，心态比较平和。所以，"爷爷的话"是值得今天的年轻父母认真听取的。当爷爷奶奶辈的人心疼孩子在应试体制下所受的痛苦，试图保护孩子的时候，这绝不是无原则的隔代宠，而是超越代际的善良人性和普世智慧在发声。

最后，我想说，这本书不但很特别，而且很及时，正是今天迫切需要的。我们不能等待应试体制改变的那一天，孩子在迅速长大，没法儿等，做家长的必须自己负起责任。让你的孩子现在就身心健康，快乐成长，是你的第一责任，应该置于首位，也是你的直接责任，无人能够替代。倘若越来越多的家长有这个觉悟，从自己做起，就会形成一种力量，或许将促使中国教育逐渐发生良好的变化。

2021年5月

第十一辑

讲演辑录

家庭教育是人生最早的教育，

给生命和心灵打上底色，

也是最日常的教育，

影响最细微、深入、持久。

谈谈幼儿教育（演讲提纲）

我对幼儿教育感兴趣，首先是作为幼儿的父亲。我的孩子正在上幼儿园，我发现，在孩子心目中，老师是绝对权威，老师说的话是绝对真理，这真让我羡慕，同时也有些担心。老师对孩子的影响太大了，因此老师的素质太重要了。其次，我的专业是哲学，历来哲学家对教育都非常关注，每一种教育理论背后都有一种哲学，哲学是教育的根据、理念、核心。如果说哲学是对世界和人生的根本看法，描绘了人、人类应该怎样生活的蓝图，那么，教育就是实现这个蓝图的最重要途径，而幼儿教育则是其起点和关键时期之一。

一、对儿童和儿童教育的根本观点

对于儿童和儿童教育，有两种对立的观点。一种观点认为，孩子是尚未长大的成人，儿童期的全部价值在于为将来做准备，教育的目标也在此，即掌握知识，将来适应社会。所谓"长大成人"，仿佛在长大之前还不是人似的，这种提法本身就十分荒唐。另一种观点认为，孩子就是孩子，儿童期本身具有价值，儿童教育的目标是实现此种价值，使孩子有一个幸福的童年，身心健康地生长，以此为一生的幸福和健康生长打好基础。

杜威是后一种观点的旗帜鲜明的代表，他指出：教育即生长，生长就是目的，而非生长另外还有一个目的。"教育是生活的过程，而不是将来生活的准备。"人生各个阶段的生活同样重要，儿童期生活有其内在品质和意义，不应把它当作一个但愿快快过去的未成熟阶段。他坚决反对前一种观点，即认为生长是朝着一个固定目标的运动，教育的目的是为将来的成就或职责之类做准备。

蒙台梭利也尖锐地批评了"过去的错误"，即视儿童为"一个未来的存在"，在达到成为一个人的阶段之前，儿童无甚价值，教育的唯一目标是使儿童为未来的社会生活做好准备。她指出：儿童有自己的人格，有创造精神的美和尊严。

对儿童期的尊重，事实上对教师提出了更高要求。教师不能以成人的经验和需要为标准，简单地让孩子适应成人世界，其结果必定是压制了儿童的本能和需要；而是必须细心体察和研究孩子的特性。

这种观点不是否认，而是更重视儿童期对于一生的重要性，但着眼点不是为将来适应社会做准备，目标定位在孩子未来的整个人生，使其过幸福而有意义的一生。正如蒙台梭利所说：儿童期是一生中最重要的时期，精神上也是如此。强调儿童期对于一生的重要性，却反对把儿童期看作未来适应社会的准备，二者之间是否冲突呢？我的回答是没有。因为第一，人格健全的人不是被动地适应社会，而是能对环境做出积极的反应；第二，罗素说得好：一个由本性优秀的男女所组成的社会，将比相反情形的社会能产生更好的结果。

归纳起来，儿童教育的目标，从眼前来说，是要给孩子一个幸福而有意义的童年，身心健康地生长；从长远来说，是要为孩子拥有一个幸福而有意义的人生创造良好的基础。

一个好的幼儿教师，最重要的素质是爱孩子、懂孩子。所谓爱孩子，就像罗素所说，好的教师具有博大的父母本能，深深感觉到孩子是目的而不是手段。这个要求非常高，在中国，许多做父母的，其父母本能也扭曲了，实际上是把孩子当作实现自己狭隘人生目的的手段了。

二、幼儿的特点与相关的教育任务

幼儿的特点，第一是生命力的蓬勃生长。孩子喜欢玩，那是其生命力的自我享受。好老师、好父母首先是孩子的好玩伴。童年的快乐是一生幸福的基础，快乐的孩子往往有自信心和独立性，内在人格健全。让孩子快乐，这是幼儿教育的第一原则，这样才能把他们培养成热爱人生、对生活有信心的人。不要从功利目标出发强求孩子，比如上各种班。中国的孩子最大的问题是不快乐。一个尖锐的问号：是谁夺走了中国孩子的幸福？爱默生说："婴儿期是永生的救世主，为了诱使堕落的人类重返天国，它不断地来到人类的怀抱。"现在我们是在做相反的事，逼迫孩子早早地堕落，堵死我们重返天国的路。

第二，幼儿有强烈的好奇心。好奇心是最重要的智力品质，必须鼓励和保护。怀特海说:"儿童应该从一开始受教育就体验到发现的愉快。"对孩子的提问,不要置之不理,不要堵回去,更不要给一个简单的答案。重要的不是知识,而是心智的活泼和敏锐。中国孩子缺乏好奇心是有名的,责任在我们的学校教育和家庭教育。

第三,创造性。孩子没有先入之见,不受现成的概念、观念、规则之束缚,拥有看事物的第一眼,未被污染的直觉,不受拘束的想象力。这从儿童画中可以看得很清楚,其特点是自由感知、自发性、表现性。孩子讲故事也是如此。应该鼓励创造性,不要用现成的规则约束儿童。例如,教绘画,往往把孩子原来的创造性教没了,画作雷同。标准不应该是像不像,应该是有没有意思。马斯洛说:"创造性是人性中天生的潜能,多数人因适应社会的文化而被压抑甚至丧失。"现在教育的问题就是使劲让孩子适应社会的文化,导致创造性很早就丧失。

第四,丰富的潜能。孩子的才能未定型,这是优点,不是缺点,蕴含着无限的可能性。在教育中,应保持潜能及其发展的开放性,培养全面发展的人。单向挖掘和发展,过早定型,结果必然是成为片面的人。

第五,也应看到,孩子不是一张白纸。每个孩子的基因是独一无二的,这是个性的生物学基础,并决定了不同的禀赋。教育不是把知识灌输进一个空的容器,而是既有禀赋的生长。杜威说:"兴趣是生长中的能力的信号和象征。"教育者对孩子的兴趣应予以同情的观察,发现隐藏在其后的能力,给予鼓励、引导。不过,仍要注意不可单向定型。

根据幼儿的特点,教育的任务可归结为:

第一,提供外在的自由。认识幼儿的优点,为其生长提供最佳环境，善于发现、鼓励、引导，切勿压抑和损害。教育的任务往往是否定性的，优秀的人是生长成的，不是训练成的。

第二，培育内在的自由。在外在自由环境中，通过好奇心、创造力、自信心的生长，形成独立思考和行动的能力。内在自由即此种能力，有此就能继续生长。杜威说教育的价值在于创造继续生长，就是这个意思。

中国的孩子缺乏两种自由，根源在于教育的功利性。

（举行此讲座的时间、地点：2003年11月2日，北京启明幼儿园）

谈孩子

一、为人父母是人生的宝贵体验

现在有一种家庭叫丁克家庭，就是不要孩子，保持一个两人世界。这好像还比较时髦，据统计，在育龄夫妇中占到百分之十。当然这也是一种进步，表明对自己的生活方式可以有多种多样的选择，无可非议。他们为什么不要孩子呢？理由是为了实现自我的价值，有了孩子，就有了许多干扰，对于事业，对于两人的享受，都是干扰，所以生儿育女会丧失自我。他们认为，中国传统的家庭往往是父母为子女做出牺牲，这种传统生活模式应该改变，他们要为自己活，而不是为孩子活。我觉得这个看法有一定道理，他们说的情况确实是存在的，以前中国的父母的确是大半辈子为儿女劳碌。不过，其实有了孩子也可以不这样，人家西方家庭就不是这样。

孩子会不会影响自我价值的实现呢，包括影响事业，影响两人世界的享受？当然，在一定的时间内，尤其是孩子还很小的时候，这在一定程度上是避免不了的。照料幼小的孩子是很费神的，你在孩子身上花的时间多了，花在事业上的时间就必然会减少。另外，比如说，你们两口子要出门会朋友，或者泡酒吧，家里有很小的孩子，就会比较麻烦。不过，我觉得这是小事，不必太在乎。孩子与事业是不是不可调和呢？我看未必，有一些大文豪，比如中国的梁启超、郭沫若，外国的托尔斯泰、泰戈尔，他们都是多子女的家庭，还不是做出了伟大的成就。至于说实现自我的价值，我觉得自我价值的内涵应该是很丰富的，不仅仅是指外在的成功或者两个人的享受，还应该包括丰富的人生体验。其中，做父母的体验也是重要的内容。如果你始终没有做父母，你的天性中的父性或母性始终没有机会实现，不能不说也是人生的很大缺憾。

回想自己的人生，我觉得有两段时光是幸福感最强烈的。一段是青春期，就是身体刚开始发育的时候，你的眼前突然出现了一个异性世界，男孩子突然发现女孩子那么漂亮、那么可爱，女孩子突然发现男孩子那么帅气、那么深沉，那时候你真觉得世界实在太美好了，人生实在太美好了，你的前面有极其美好的事情在等待着你。另一段就是初为人父人母的日子，你亲自迎接了新生命的到来。我刚做父亲时就是这样，觉得这个事情真是太神奇了，这么一个小生命，和你有着血肉的联系，每天回家都能看见她，她会对着你笑。不过，这种东西是不可言传的，单凭理解力、想象力是无法领会的，必须靠亲身体验，你如果没有亲自经历过，跟你说什么都白说，你都理解不了。我以前也是这样，在没有孩子的时候，我真觉得有没有孩子无所谓，孩子可有可无，各有利弊，没有孩子我还自由呢。其实人都一样，没有孩子时，孩子对于他来说都是抽象的。我遇到过一个出租车司机，我坐他的车，从上车开始，他就没完没了地跟我讲他的孩子，情不自禁地讲，一直讲到我下车。他刚有了一个儿子，才一个月，他那个兴奋呀。他告诉我，以前没有孩子的时候，他最讨厌的就是听人讲自己的孩子，全是那些鸡毛蒜皮的事儿，有什么可讲的。可是，孩子生下来后，他的感觉就全变了。我的感觉也是这样，当时真觉得眼前有了一个全新的世界，我形容是一个新大陆。

孩子会带给我们全新的体验。有些什么体验呢？首先是使我们对爱的体验更深刻了。说到爱，好像我们从小就知道爱是什么，我们小时候被父母爱，长大以后，到了谈恋爱的年龄，我们会爱上某个异性，不过，我们最在乎的还是被爱，她爱我多少，我爱她多少，她爱我是不是不如我爱她，等等，会计较这些。所以，我们从小最擅长、最在乎的不是爱，而是被爱。直到做了父母，我们才真正学会爱。

对孩子的爱有一些特点，就是极其本能、极其强烈、不由自主、不可遏止。当然，对异性的爱有时候也会非常强烈，但总体比较起来，好像还是要弱一些。古罗马哲学家爱比克泰德说过一句话："孩子生了出来，要想不爱他已为时过晚。"我说过，对孩子的爱是一种被迫的主动，为什么这样说呢？从这种爱完全是一种本能来说，是被迫的，你要不爱已经不可能了。但是，你又完全是心甘情愿为他付出的，根本不是为了回报，也的确不求回报，所以说又是主动的。同时，我还说这是一种自私的无私，孩子是你自己的，所以说是自私的，但你可以为他做一切，甚至牺牲你自己的一切，所以说又是无私的。当然，这里面有相当的盲目性，如果陷于盲目，可以为孩子牺牲一切，包括你自己，包括天下，这需要我们掌握好分寸，不可太盲目。

我认为，对孩子的爱最鲜明地体现了爱的本质，这个本质就是，爱是给予而不是获得，是奉献而不是索取。其实当爱的本质充分显现的时候，当你爱到极点的时候，你会感到给予本身就是获得，受苦本身就是享乐，牺牲本身就是满足。我自己就感到，为孩子累，再累也甘心，也快乐，给孩子换尿布什么的，多脏的事，可就是觉得有意思，愿意去触摸她的小身体。我们可以看到一个现象，就是父母爱儿女远远胜过儿女爱父母，至少在儿女很小的时候是这样。许多大哲学家讨论过这个现象，为什么会这样呢？古希腊哲学家亚里士多德说：父母与儿女的关系就好比诗人与作品的关系。儿女好像是父母的作品，父母在儿女身上付出了心血，所以有强烈的爱。法国哲学家蒙田说："施惠者对受惠者的爱，远超过受惠者对施惠者。"这个意思也和亚里士多德说得差不多，就是作为施惠者的父母在作为受惠者的儿女身上付出了心血，所以蒙田又说："你为之付出最大代价的东西对于你必定是最珍贵的。"中世纪哲学家托马斯·阿奎那也说："父母是把儿女当作自身的一部分来爱的。"儿女的生命本来就是从父母的生命中分出来的，生下来后，父母又在他们身上耗费了许多光阴，实际上是耗费了一部分生命。这些话的意思都差不多，我归纳他们的意思是：爱是伴随着付出的一份关切，我们总是最爱我们为之倾注了最多心血的对象。当然，我们一旦从对孩子的爱中体验了爱的本质，就不应该把这种体验局限在孩子身上。我曾经听一位朋友讲，她的上司待他们特别严厉，不苟言笑，有了孩子以后，突然变得十分和蔼，好像换了一个人似的。我相信，一个人有了孩子，他／她的人性中那种慈爱、柔软的东西就可能会复苏。

父性和母性是人性中很重要的部分，这个部分没有得到实现，人性就不完整。人有性本能，也就是生殖本能。在没有孩子的时候，性本能表现为快乐本能，就是两性之间的那种关系，从那种关系中得到快乐。有了孩子，性本能中那个更深刻的东西显现出来了，这就是种族本能，你会发现，原来性本能实质上是种族本能，快乐只是手段，传宗接代、种族延续才是目的，对孩子的爱之所以会这么强烈，父性和母性一旦被唤醒了之所以会这么强烈，原因就在这里。不过，在做父母之前，我们往往不知道这一点，不知道潜藏在我们天性中的父性和母性——也就是种族本能——竟有这么大的力量，远比快乐本能大。在种族本能的支配下，亲子之爱往往比性爱稳定，当然也专一得多。在性爱上，你是可以有许多选择对象的，你的选择也是可以改变的，在亲子之爱上，你没有选择的自由，你多半也不想改变。另外，性爱毕竟是两个成人之间的关系，必然会带进社会性的因素，比如财产、前途等考虑，不像对孩子的爱那样是纯粹的本能。尤其是对幼崽，那是最纯粹的自然关系，随着孩子长大，社会性因素的比重就会逐渐增加。

我还有一个体会，就是孩子使家更加实在了，两人世界诚然浪漫，但比较轻飘，孩子为家增添了丰富的内容，共同抚育孩子的经历又为爱增添了丰富的内容。我相信许多父母都有这个体会，有了孩子，孩子一旦不在身边，离开得久一些，就会觉得空，不知道做什么好了。我写过这样一段话："孩子是使家成其为家的根据。没有孩子，家至多是一场有点儿过分认真的爱情游戏。有了孩子，家才有了自身的实质和事业。"我还写过："男人是天地间的流浪汉，他寻找家园，找到了女人。可是，对于家园，女人有更正确的理解。她知道，接纳了一个流浪汉，还远远不等于建立了一个家园。于是她着手编筑一只摇篮——摇篮才是家园的起点和核心。在摇篮四周，和摇篮里的婴儿一起，真正的家园生长起来了。"这些都是我的真切感受。

孩子带给我们的体验，还有一点是使我们对生命的体验更深刻了。当然，我们每个人是一个生命，但是，随着我们长大，到这个功利世界里去奋斗，我们对生命的感觉就越来越迟钝，越来越麻木了。孩子的出生给我们提供一个机会，面对一个全新的生命，我们看着他长大，看着生命的奇迹在眼前一点点地展现，我们就有可能复苏对生命的敏锐感觉。

我曾经写过一段话，表达孩子让我感受到的生命的神秘：

"我曾经无数次地思考神秘，但神秘始终在我之外，不可捉摸。

"自从妈妈怀了你，像完成一个庄严的使命，耐心地孕育着你，肚子一天天骄傲地膨大，我觉得神秘就在我的眼前。

"你诞生了，世界发生了奇妙的变化，一个有你存在的世界是一个全新的世界，我觉得我已经置身于神秘之中……"

孕育和诞生是人所能够亲历的最神秘的事。我常常感到不可思议，新生命的诞生与那个渺小的原因，也就是做了一场爱究竟有什么联系，两者究竟有什么共同之处。不，新生命的诞生必定另有来源。其实这不只是我一个人的感受。泰戈尔在做了父亲以后，为孩子写了许多诗，写他面对孩子时的神秘之感。其中有一句这样写："当我凝视你的脸蛋儿时，神秘之感淹没了我；你这属于一切人的，竟成了我的。"纪伯伦也写过："孩子是借你们而来，却不是从你们而来。"是的，父母只是新生命诞生的一个工具，而不是来源，生命一定有着神圣的来源。每当我看着婴儿的纯净得出奇的眼睛，我真的感到孩子是从天国来的，是从一个永恒的地方来的，所以我说孩子是来自永恒的使者。

养育小生命是人生中的一段神圣时光，每天都会给你带来新的惊喜。我曾经有一个特别大的遗憾，就是人不能看到自己小时候的样子。一般来说，一个人的记忆是从三岁开始的，三岁以前自己是什么样子，就全忘记了。现在，有了孩子，就得到了一个弥补，你仿佛从孩子身上看到了自己从出生开始的生长的全过程。小生命的生长真的给人带来极大的快乐，你看见她能认出你来了，看见她会对你笑了，看见她咿呀学语了，看见她会喊你爸爸、喊你妈妈了，在所有这些时候，你都会惊喜，这种快乐是任何别的东西都不能代替的。关于这种体验，我曾经写道："养育小生命或许是世上最妙不可言的一种体验了。小的就是好的，小生命的一颦一笑都那么可爱，交流和成长的每一个新征兆都叫人那样惊喜不已。一个人无论见过多大世面，从事多大事业，在初当父母的日子里，都不能不感到自己面前突然打开了一个全新的世界。小生命丰富了大心胸。生命是一个奇迹，可是，倘若不是养育过小生命，对此怎能有真切的领悟呢？"

我还有一个体会，就是有了孩子以后，与人生、与世界的联系更紧密了。因为孩子的存在，你会更加热爱人生、眷恋人生，你希望自己能够活得长一些，有更多的日子和孩子做伴。因为孩子的存在，你也会更加关心这个世界了，因为世界就是你的孩子的住宅，你希望你的孩子有一个好的居住环境，你确实感到世界与你更加息息相关了。

二、父母与孩子的正确关系

父母与孩子应该是一种怎样的关系？父母与孩子之间的正确关系应该是怎样的？我想首先强调一点，就是父母应该向孩子学习。有一种特别普遍的错误观念，就是认为孩子什么都不懂，一切都要向大人学，大人是孩子的天然的老师，与此同时呢，又认为大人无须向孩子学任何东西。在我看来，这是极大的迷误，抱这种看法的大人是最愚蠢的大人。你这样看问题，一定会错过许多非常宝贵的东西。

在智力方面，和孩子相比，大人占优势的是什么？是经验和知识，他比孩子有经验，他的知识比孩子多。但是，我认为，在智力的品质中，最重要的不是经验、知识，而是好奇心、感受性和想象力，而在这些方面，孩子远远优于大人。孩子不受习惯、传统观念、成见的支配，因为他头脑里还没有这些东西，他完全是用自己的真实的感官去感知世界，用好像是一片空白、其实还没有受到污染的大脑去想事情，他看世界的眼光是全新的。人长大以后，感官就不可避免地会受到磨损，头脑里也会积累起许多成见。所以，大人要善于体会孩子看世界的眼光，注意听他们说的那些话，学习用孩子的眼光看世界，这样你就能更新自己对世界的感觉，重新发现作为一个大人早已遗忘了的、靠自己也不能再发现的世界中的那些美和有趣。你就会发现世界非常美好，不像光用大人的眼光看，只看到一个功利的世界，日程排得满满的，今天干什么事，明天干什么事，甚为无趣。其实世界本来不是这样的，用孩子的眼光看，也就是用生命本来的眼光看，世界是很美好的。

我可以举我的女儿的例子，她现在六岁，从她开始说话，我就喜欢把她说的有意思的话记下来，她对这也习惯了，她说了一句什么话，我夸奖她，她就会说爸爸你快记下来。所以我说我是我的女儿的秘书，在给她当秘书的过程中，我真感到受益匪浅，学到了很多东西。我发现孩子在不同的年龄，智力的表现很不一样。她三岁半的时候，很有想象力，有许多灵感，语言也很美，是一个诗人。比如说，有一回，屋外刮大风，听上去像尖叫声，我说："真可怕。"她马上说："像有人掐它似的。"还有一回，到十三陵郊游，她特别高兴，举着自己采的蒲公英，说："我的手是花瓶。"又对她妈妈说："妈妈，我是谱子，你来唱我吧。"到了五岁，好奇心更突出了，成了一个哲学家。一次她玩电子琴，用按钮调节，电子琴会发出各种不同乐器的声音，萨克斯管、手风琴、钢琴等，她突然问："电子琴本来的声音是什么呢？"这是追问本体，一个典型的哲学问题。

不但在智力品质上，而且在心灵品质上，大人也可以从孩子身上学到许多东西。大人往往世故、功利，做事情从利益出发。相反，孩子是有真性情的，做事情都是从兴趣出发。泰戈尔有一首诗，写他看见孩子坐在泥土里玩树枝，就联想到自己整天忙于写作，用孩子的眼光看，自己是在玩多么无趣的游戏。这也是我常有的感受，虽然我喜欢写作，但许多时候已经不是真正出于兴趣，而是出于职业性习惯，有时候是应付约稿或受人之托。我深切感到，应该向孩子学习，只做自己喜欢的事，只和自己喜欢的人来往，任何时候不要为了利益而委屈自己。

和孩子的正确关系，另外一点就是要和孩子平等相处。我觉得一个人做父母做得怎样，最能表明这个人的人格、素质和教养。一个文明人最重要的品质是人的尊严，就是尊重自己，也尊重他人。对孩子也是这样，要尊重孩子。你要知道，孩子也是一个灵魂啊，就像纪伯伦说的，孩子只是借你们而来，并不属于你们。你们只是一个载体，大自然把你们用作工具把孩子生了出来，你们只是生了他的身体，灵魂不是你们生的，形象地说，是从上帝那里来的，附着在了这个身体上。随着他的生长，他就会逐渐显现出来是一个独立的灵魂，一个独立的人格。所以，纪伯伦接着说，你们可以给他们爱，不可以给他们思想，因为他们有自己的思想。

在我看来，做孩子的朋友，孩子也肯把你当作他的朋友，这是做父母的最高境界，也是最大的成功。朋友关系最大的特点就是平等，有事情互相商量，不是谁说了算。一个家庭里，夫妇之间，父母和孩子之间，形成这样一种平等讨论和交流的氛围，这非常重要，也非常美好，大家都心情舒畅。在这样的氛围中，孩子会养成自信、自尊、独立精神等品质，也会养成尊重和信任他人、讲道理、合作精神等品质。我在家里就是这样，凡是孩子自己的事，就和她商量，决定权在她，不过要让她知道，第一要讲道理，不能不讲道理乱来。第二要对自己的决定负责，错了就改正，不能怪别人。我还想强调一点，就是要尊重孩子的隐私，比如说她写日记，她不想让你看，你就不要看，包括不能偷看。尤其孩子大了，慢慢地会有自己的一些小秘密，那是她心灵生长的空间，你不可擅自闯入。许多家长有偷看孩子日记的恶习，自以为是在关心孩子，实际上是极不礼貌、极不尊重孩子的行为，往往给孩子的心灵带来创伤，孩子会因此而不信任你、防备你，甚至恨你。

做父母的最大的成功是成为孩子的朋友，最大的失败是什么呢？我认为不是成为孩子的对手和敌人，被孩子视为对手和敌人，而是被孩子视为上司或奴仆。成为孩子的对手和敌人，互相之间有一种紧张的关系，这当然也不好，但是，有时候这会产生某种好的结果，就是刺激孩子的独立成长。相反，被孩子看作上司或奴仆，这种状态有百害而无一利。可是，在中国的家庭里，这种状态偏偏是最常见的。许多家长实际上既是孩子的上司，又是孩子的奴仆，是这种最可悲的双重身份。一方面溺爱孩子，把孩子当宠物，甘于为孩子当牛做马。另一方面又对孩子寄予厚望，已经不是望子成龙了，是逼子成龙，逼着孩子上这个班那个班，逼着孩子拿好成绩考好学校。当然，造成这种情况，现在的教育体制要负重要责任，但是正是因为这些糊涂家长，他们的子女才成了今天教育体制最严重的受害者。溺爱是一种动物性，那是最容易的，难的是赋予亲子之爱以精神性的品格。溺爱的结果是使孩子失去能力，功利性寄予厚望的结果是给孩子造成巨大压力，两者合起来，宠物变成了外强中干的小皇帝。

三、如何教育孩子

这个问题很大，因为时间关系，我就提示一下，不展开来讲了。

在教育学上，对于儿童教育，历来有两种对立的观点。一种是把孩子看作尚未长大的成人，儿童教育的全部目标是为将来做准备，让孩子掌握知识，将来可以谋一个好职业，学习规范，将来能够适应社会。另一种认为孩子就是孩子，儿童期本身具有价值，教育的目标是实现这种价值，使孩子有一个幸福的童年，身心健康地生长，以此为一生的幸福和发展打下良好的基础。这两种观点都承认儿童期对于一生是很重要的，分歧在于前一种观点只用单一的社会尺度衡量教育，后一种更重视人生尺度，着眼于整个人生包括儿童期本身的幸福和生活意义。我本人认为，后一种观点是对的，有利于孩子人格的健全生长，而在事实上，即使用社会尺度衡量，人格健全的人也一定能更好地适应社会，做出成就。

遗憾的是，我们现在对孩子的教育完全受前一种观点的支配，从学校到家长基本都如此，当然，原因在于现行教育体制的急功近利特征和应试机制。由此造成中国孩子的问题，第一是不幸福，第二是智力朝实用方向片面发展，智力的根本要素比如好奇心、创造力等受压抑，第三是缺乏独立性。

首先，幸福本来应该是教育是否成功的第一标准，快乐的孩子自信，对生活有信心，人格健全，这些品质是一生幸福的基础。相反，如果在儿童期不幸福，后患无穷，一生的幸福都会发生问题。可是，看看现在的孩子们，他们从小就在为将来的高考做准备，背着沉重的书包，每天要做大量作业，还要上各种班，完全没有玩的时间。现在很多人在问，是谁夺走了孩子们的幸福，我看很清楚，就是这个教育体制。不过，我认为在这个教育体制下，做家长的未必是无能为力的，关键是你要有清醒的认识，不说与这个体制抗争吧，你至少可以尽量保护你的孩子，减少这个体制对你的孩子的危害。同一个体制，不同的家长，孩子的命运有很大的差异。我不是为这个体制辩护，这个体制当然一定要改。反正我不让孩子上这个班那个班，并且引导她不把考试成绩看得太重要，始终把她的愉快放在第一位。我经常和她一起玩，我相信好的父母一定是孩子的好玩伴。对于孩子的将来，要有平常心，身心健康和平安是最重要的，至于将来做什么，有没有成就，完全不必操心，一切顺其自然。

其次，在智力发展上，智力的根本要素不是知识、技能，而是心智的活泼和敏锐，表现为好奇心、求知欲、兴趣，等等，这些品质是主动学习的强大动力，使学习成为最大的快乐。其实，这些品质是天生的，每个孩子都有这些天赋，重要的是做老师和家长的要善于发现、鼓励、引导，为它们的生长提供良好环境，至少不要损害、扼杀它们。从我的孩子认字的过程中，我对此深有体会。一开始，她妈妈每天晚上拿着书给她念一篇故事，有一回她指着书好奇地问："这上面都是字，故事在哪里？"后来，她通过认马路上的招牌、电视上的字幕认识一些字了，有一天早晨，我突然发现她拿着妈妈昨天晚上念的那一篇故事，自己在那里念。其实她还有许多字不认识，但是，这成了她的习惯，她认识的字就越来越多了。直到有一天，她对妈妈说："你不要再给我读了，这样我自己读的时候就觉得没意思了。"原来，像《格林童话》《安徒生童话》《骑鹅旅行记》一类的书，她自己基本上都能读了，而当时她还没有上小学。这说明什么？说明学习是一个主动行为，许多东西不是教出来的，是自己学会的，教育不是把知识灌输进一个空容器，而是既有禀赋的生长。可是，我们的教育往往与此背道而驰，把最不重要的事——知识的灌输看得无比重要，对最重要的事——保护好奇心和求知欲则完全不放在眼里，更不放在心上，这是非常可悲的。

最后，中国的孩子大约是世界上最没有独立性的孩子，大小事都依赖父母。当然，这肯定不是天生如此，而完全是教育的结果。中国的父母往往恨不能把孩子的一生都安排好，不管有没有条件，都要让他们受最好的教育，过最好的生活。所谓"最好"，无非是上名校啊，送出国啊，可是一出国就露馅儿，完全不能独立生活。这种做法貌似深谋远虑，实则目光极其短浅。我认为，最好的教育应该是正确的教育，就是使孩子具备真实的能力和健康的生活态度，将来既能够自己去争取幸福，又能够承受人生必然会有的磨难和痛苦，这样做才是真正深谋远虑，才是真正爱孩子，才是对他的一生负责。

（中央电视台《百家讲坛》妇女节特别节目，2004年12月录制，
2005年3月播出，内容有增补和修改）

育儿的智慧

很高兴来和大家聊一聊家庭教育、子女教育的问题。聊这个问题，我想我有两个角度。一个角度是我自己是个家长，我有一个女儿，现在是二十二岁，今年大学刚毕业，还有一个儿子，现在是十三岁，在上初二。那么他们成长的过程我都是亲身经历的，而且应该说我是一个比较细心的父亲，对他们的成长过程中的各种表现，我是非常仔细地去观察，去做记录。比如，关于我的女儿，我女儿现在是大学毕业了，在她小学的时候，我给她写过一本书叫作《宝贝，宝贝》，这本书里面我非常细致地记录了她从出生到小学一年级，主要是她的幼儿时期的成长的过程以及这个过程中我自己的思考，所以我应该说是一个比较细心的父亲吧。我现在还在写一本书，是给我这个儿子写的，我儿子十三岁了，他感到非常不平，他说爸爸你给姐姐写书，怎么不给我写？我说我也给你写。我这个儿子他成长过程中我也做了非常细致的记录，每天都为他写日记。我是一个有写日记习惯的人，孩子们小时候我的日记的主要内容就是写他们的表现、他们的语言。我觉得小孩的语言是非常精彩的，我积累了大量这样的素材。另外还有一个角度是什么呢？就是我是一个研究哲学的人，我会从哲学的角度对教育问题有思考，所以这是我思考家庭教育、子女教育这两个主要的角度。我这个讲座的题目叫作《育儿的智慧》，我觉得育儿不是一件简单的事情，它是需要智慧的，并不是说你当了父亲，你当了母亲，你有了孩子，你就自然而然就会教育孩子了，不是这么回事，育儿需要智慧。关于育儿的智慧，我想讲四个问题。

一、育儿是大事

1. 家庭教育的重要性

育儿是一件大事，因为家庭教育非常重要。在所有的教育里面，包括学校教育、社会教育，等等，家庭教育有它的特殊的重要性。

首先，家庭教育是一个人人生最早的教育，家庭是人生的第一所学校，父母是孩子最早的老师。所以，家庭教育是一个人一生教育的起点和基础，它是给生命、给心灵打底色的这样一种教育。这是第一点。

其次，家庭教育又是最日常的教育，孩子上学校，他白天去一段时间，但是他大部分时间是和父母在一起的，他是在家庭里生活的。所以父母日常对他的影响，我们叫作熏陶，这个东西的作用是非常大的，可能比学校的影响更大。熏陶是不教之教，你好像没有刻意教孩子，但是它其实是一种最细微、最深入、最持久的教育。你给孩子好的熏陶，影响会很大；你给他坏的熏陶，影响同样会很大。

2. 家庭环境对孩子成长的影响

家庭环境对孩子的成长有巨大的影响，我觉得主要是两点。

第一点，在这个家庭里，作为孩子的父母，你们之间的关系怎么样，这对孩子的影响非常大。如果父母恩爱，家庭和睦，孩子在爱和快乐的氛围中生长，他的人生的底色是温暖而明亮的，就可以保证他心理健康，情商也会比较高。法国哲学家卢梭说过，家庭生活的乐趣是抵抗坏风气毒害的良剂。这就是说，孩子在一个良好的家庭环境里面，一个快乐的充满爱的家庭氛围里面生长起来的话，他在品德上也会好。

第二点，父母自身的素质非常重要，是决定家庭环境好坏的重要因素。父母自己素质高的话，一方面会是孩子的榜样，就是我刚才说的熏陶、不教之教，这个身教胜于言教，自然而然会给孩子好的影响。另一方面，父母素质高的话，面对现在这个教育体制，他头脑会比较清醒，会看清楚应试教育的弊端，不会给孩子施加功利上的压力，一定要孩子拿高分什么的，他不会这样，他会看到本质的东西，不会太在乎表面的东西。所以，孩子的童年就相对的比较自由宽松，这样可以保证他人格比较健全，心智发育比较良好。

3. 做父母意味着人生提出了新要求

那么这就说明什么呢？这说明当你做了父母以后，人生对你提出了更高的要求，把孩子生出来是容易的，但是你要当一个好的父母，给孩子好的教育，这是不容易的，需要你有高的素质。

对于我们每一个人来说，如果你有了第一个孩子，这个时候对你来说完全是一个新的经历。没有一个人在当父母以前就会当父母了，就会教育孩子了，他一定是在做了父母以后，遇到了很多新的事情，要在实践中慢慢地摸索。在这个摸索过程中，你要有一个意识，就是必须提高自己的素质。人生给了你全新的使命，让你当父母，为了配得上这个使命，你必须提高自己的素质。

我经常看到有些家长，他自己不读书，却逼迫孩子用功，结果一定是徒劳的。因为你的身教告诉他的就是学习是不重要的，那么你用强硬的语言、用粗暴的态度去强迫他学习，他当然不会服气。

我们都希望孩子有一个幸福的人生，很多家长会为孩子拼命地赚钱，给他一个好的物质基础，我说这当然可以，但是你光做了这一点，你并没有尽到父母的责任。你可以花时间为孩子赚钱，为什么不能花时间为孩子来提高自己的素质呢？

尤其在我们今天这个时代，我觉得父母提高素质格外重要。从教育上看，我们这个时代有两个大问题，一个是价值观扭曲，急功近利，导致畸形的家庭教育；另一个是家庭教育被应试教育绑架，许多家长身不由己地成为应试教育的仆役，有的甚至充当帮凶和打手。一个人怎么做人和他怎么教孩子一定是一致的，从一个人怎么教孩子最能看出他的人生境界。所以，我说的提高素质，也包括家长要有正确的价值观，对应试教育的弊端要有清醒的认识，从而在教育孩子上有好的心态。

二、父母的焦虑是育儿的大敌

育儿是大事，但是不要焦虑。越是大事，就越要冷静。在我看来，父母的焦虑是孩子教育上最大的敌人。

1. 戒除焦虑，建立良好的育儿心态和生态

现在焦虑很普遍，说实话，我也可以理解。从幼儿园开始，到小学，再到中学，竞争非常厉害，要上好的幼儿园，好的小学、中学，然后考上名牌大学，这个竞争非常激烈。家长们都想让自己的孩子上好的学校，生怕孩子在这样的竞争中成为一个失败者。家长的焦虑已经成了压在孩子身上的最沉重的负担，孩子最怕的是什么？不是怕自己成绩不好，最怕父母因为他成绩不好而焦虑，对他非常粗暴，这种害怕要超过对功课的害怕。

不但如此，这种焦虑往往还是导致亲子冲突和夫妻冲突的主要原因。父母和孩子之间的冲突不必说，夫妻之间发生争吵，多半也是因为在孩子的教育上有分歧。常常还不是有分歧，夫妻双方都很焦虑，不知道该怎么办，于是就互相埋怨。在焦虑的情况下，人的情绪是很不稳定的，最容易发生争吵。焦虑会导致家庭关系紧张，损害家庭的幸福，使得育儿的心态和生态都恶劣，育儿怎么可能成功呢？所以，一定要戒除焦虑。

2. 不要企图规划孩子的未来

焦虑的原因是什么呢？我认为一个重要原因是企图规划孩子的未

来。家境比较差的，把自己全部的经济力量都拿出来培养孩子了，全部的希望都寄托在孩子身上，当然就很焦虑。家境比较好的，就企图规划孩子的整个未来，从上学到工作到出国，从买房子到结婚生孩子，都未雨绸缪，要为孩子做好准备，甚至亲自上阵拼搏，觉得这样才是对孩子尽了责任。

我想提醒一句，你做父母的只能尽凡人的责任，你不是神。我这个话什么意思呢？我是说孩子的未来不是父母能够决定的，你所能做的只是给他正确的教育，让孩子具备自己争取幸福和承受苦难的能力。我觉得你要培养孩子的话，其实这两种能力是最重要的。你想给他幸福，但幸福你给不了，你给他再多的物质，并不是就给了他幸福，也可能是害了他，孩子将来的幸福只能靠他自己去争取。他将来还一定会遇到苦难，所以，自己争取幸福的能力，自己承受苦难的能力，这是两种最重要的能力，而这两种能力只有正确的教育才能给他。

3. 不可为所谓未来牺牲现在

在儿童教育上有两种不同的观点。一种观点认为，儿童期只是成年期的准备，儿童期一切教育的目标是为了他将来能够适应社会。这种观点遭到了哲学家杜威和教育家蒙台梭利的批判，他们指出，人生没有一个阶段是仅仅为将来做准备的。如果说每一个阶段只是下一个阶段的准备，童年是少年的准备，少年是青年的准备，青年是壮年的准备，壮年是老年的准备，老年是死亡的准备，那么好了，最后归根到底都是为死亡做准备，岂不荒唐？人生每一个阶段都有它自身不可取代的价值，只有把这个价值实现出来，这个阶段才会真正对以后的阶段有好处。

儿童期是身心生长的关键时期，如果身心能够得到健康的生长，有一个幸福而有意义的童年，就为幸福而有意义的整个人生打下了良好的基础。如果儿童期不幸福，过得没有意义，整天为功课忙，觉得人生没有乐趣，心情总是阴郁，这样造成的结果以后是很难纠正的，这样的孩子将来人格往往会有问题。所以，绝不可以为了你所想象和规划的孩子的未来，牺牲掉孩子的现在，牺牲掉他现在的身心健康和幸福。

三、育儿的目标

我们知道了育儿的重要性，戒除了育儿方面的焦虑，那么就要来思考一下，我们要把孩子培养成什么样的人？我们的家庭教育也好，学校教育也好，我们要达到一个什么样的目标？

1. 人性的全面发展

谈这个问题就和我学哲学有关系了。哲学思考的是人生的意义是什么，那么教育的目标就是要让受教育者拥有一个有意义的人生，人生中最值得追求的那个东西，就应该是教育中最应该让孩子得到的东西。

那么人生中最值得追求的东西是什么呢？人生的意义到底是什么呢？我想来想去，无非是两个东西。第一个是幸福，我们人人都想要幸福，没有人不想要幸福。当然对幸福的理解是不一样的，但不管理解如何不一样，我认为起码有一条是幸福所必须具备的，如果没有的话，肯定是不幸福的，就是身心健康。身体和心灵健康是幸福必须包含的内容，你身体不健康，心灵不健康，肯定就不幸福。在教育上我们必须记住这一条，一定不能损害孩子的身心健康。一种教育如果让孩子身体不健康，为了功课从早忙到晚，睡眠不足，然后近视眼，心理也不健康，为上学和作业而痛苦，如果是这样的话，这种教育肯定是错误的教育，因为你损害了最基本的幸福。

人生中最值得追求的东西，还有一个是优秀。我说的优秀，是指一个人的精神能力生长得好。人的精神能力包括三个东西，一个是智，就是思考的能力；一个是情，就是感受的能力；还有一个是德，就是道德上自律的能力。这三个东西生长得好，智、情、德全面发展，就不但优秀，而且能够享受人之为人的高层次的幸福。

这里我想澄清两个不同的概念，一个叫教育，还有一个叫培训。我们现在教育的问题是什么？无论学校教育也好，家庭教育也好，有培训没有教育，或者说教育甚少，培训的成分很大。培训和教育有什么区别呢？教育是把人当作目的，要实现人作为目的的价值，让人性得到全面发展，成为完整意义上的人。培训是按照某个外在目的培养和训练人，让他适合那个外在目的，比如说能够从事某个职业。这实际上是把人当作工具，而不是当作目的，是要实现人作为工具的价值。教育注重的是人性的全面发展，培训注重的是知识和技能的获得。当然，为了让孩子将来能够谋求一个合适的职业，成为社会上的有用人才，培训是需要的，而且所占的时间可能更多，这是不可避免的。但是，如果仅仅有培训的话，教育还没有开始，必须超出培训，才有教育。在你对孩子的教育里面，一定要有真正教育的内容，就是让他的智、情、德都得到良好发展，享受人之为人的这种光荣，这种幸福，感觉到做人的快乐，做人的自豪，这才是教育的目标。进一个名牌学校，谋一个赚钱职业，这个东西怎么有资格成为人生目标呢，因此怎么有资格成为教育的目标呢？如果你的目标仅仅是让孩子进清华、北大，我觉得你的这个目标太渺小了。你在人的培养上面、真正的教育上面没有下功夫，孩子可能进了清华、北大，但是我不认为这种教育是成功的。他以后可能会有一个好的职业，但是不一定会有一个好的人生。他可能成为某个领域里的一个专家、一个好工具，但是他不一定生活得幸福。

2. 个性的发展

育儿的目标，一个是人性的全面发展，还有一个是个性的发展。我强调一个人要全面发展，但是全面发展和学习成绩全优是两回事。在学校里门门功课都成绩好，是全优生，未必就是全面发展。一方面，全面发展的要求是更高的，包括智、情、德、体各个方面；另一方面，全面发展并不要求你学习成绩全优，在智力方面更注重的是独立思考的能力。

每一个孩子都是不一样的，都是一个独特的个体，教育要尊重个性和天赋的差异，教育的目标不是全优，而是要让每一个孩子成为最好的自己。现在的应试教育是用分数来估定人的价值，家长绝不要跟随。一个成绩全优的学生，在老师眼中就是好学生，在同学眼中也是羡慕的对象，是学霸。成为学霸当然也不错，说明你有某种能力，但是这个衡量标准太单一了。并不是说一个学生他学习成绩不好，他就是一个没有能力的人了，他可能别的方面的能力很强，但是学校不看重这个能力，所以他很受压抑。我们可以想一想，很多有作为的人，他们在小学和中学的时候就一定学习成绩很好，是老师眼中的好学生吗？往往不是，他可能是个调皮捣蛋的学生，可能是个差生。像爱因斯坦这样的人，上小学的时候还被老师看作智商有问题的学生呢。

孩子真的是不一样的，同父同母生的孩子也可能差别非常大，我的女儿和儿子就是这样。我觉得这对我来说是一种风景，我的感觉是孩子不一样，生命真奇妙。我的女儿从小学到大学始终是全优生，不过她不只是学习成绩好，整体素质也不错。但是，儿子就不是这样了，学习得非常痛苦。他数学一直很好，现在上初二，物理也不错，他很喜欢这两门课。让他痛苦的是语文和英语，因为需要死记硬背，他烦死了，成绩经常是不及格。我觉得现在这种语文的教学方式是有问题的，我知道他很聪明，没有大问题，但是我想减少他的痛苦，所以会给他做一些辅导，目标是对付考试，及格就行。我不会因为他的姐姐全优就要求他也全优，我没有这么愚蠢，他有他的长处，性格很阳光，画画和体育都非常棒，是经常得奖拿名次的那种。我给自己的定位是做他的童年的守护人，不让他因为学习成绩差而有心理阴影。每一个孩子都是不一样的，各有自己的长处和短处，教育的艺术不是要削长补短，这是最笨的办法，而应该是扬长避短，让他的长处发挥到极致，这是抑制短处的最佳方法，有短处也无所谓了。

我当然希望我的孩子将来有出息，但是，如果他们将来比较一般，我也接受。应该允许和接受孩子将来成为普通人，家长千万不要有望子成龙这样的想法，世界上能有几条龙？肯定是大部分人不会成龙的，他可能就是一只兔子、一只小鸟、一只蜜蜂。大自然的生态里面，需要各种不同的平凡生物，人类社会的生态里面也需要平凡，这个平凡落到你的孩子身上，你就坦然接受吧。

四、给父母的育儿建议

我觉得做父母的可以给孩子四样东西，这四样东西是必须给的，在我看来是最重要的。

1. 爱

第一个是爱。当然做父母的都是爱自己的孩子的，这可以说是老天安排的一种强烈的本能。但是，我觉得现在有一个问题，一些家长对孩子往往是在物质上无微不至，在功课上步步紧逼，在精神上麻木不仁。在我看来，这样不是真爱，相反是在害孩子。真正爱孩子，你首先就不要焦虑，要给孩子一个宽松的环境，一个幸福的童年。

我特别强调一点，就是孩子小的时候，你要舍得花时间陪伴孩子，共度欢乐的时光。我就是这样做的，两个孩子小的时候，我会花很多时间陪他们，和他们一起玩。其实家里有幼小的孩子时，那段时光是非常美好的，孩子会给你很多快乐，给你很多惊喜。如果这段时间你跟孩子接触很少，我觉得这个损失太大了。从孩子那方面来说，他们是渴望父母的陪伴的，和爸爸妈妈在一起，他们会非常快乐。其实这段时间并不长，很短暂的，过了就没有了，孩子一旦长大，你想陪伴也不能了，他们会烦你。要说忙，我也挺忙的，有许多写作任务，但我就想这些事情往后拖没关系，以后能补，可是和孩子一起共度欢乐时光的机会是一去不复返的，所以一定要抓住这段时光，尽可能多地和孩子在一起。

2. 尊重

父母能够也必须给孩子的东西，第二个是尊重。爱是本能，尊重则是一种教养，如果光有爱，没有尊重的话，爱就停留在动物性的水平上。我们一定要树立一个观念，就是孩子是一个独立的灵魂，就像纪伯伦的诗里所写的，孩子是借你而来，不是从你而来，你可以给孩子爱，但是不能给他思想，因为他有他自己的思想。从我自己孩子的身上，我就看到，很多东西不是我给他们的，不是遗传我的，对此只能有一个解释，就是灵魂另有来源。当然，孩子是一个独立的灵魂，我自己也是一个独立的灵魂，所以互相的关系不只是亲子关系，更是两个独立灵魂之间的关系，这一点随着孩子的长大会越来越显示出来。

孩子小的时候，亲子关系更多的是生物性的关系，就是一个成年兽和一个幼崽之间的关系。这也很美好，作为一个大动物去照顾自己亲生的幼崽，我是非常享受这样一种关系的。随着孩子长大，这种动物性的成分会越来越减弱，社会性的成分会越来越强烈，孩子有了他自己的社会交往，父母也要从孩子进入社会的角度承担自己的责任。但是，我觉得随着孩子长大，光有社会性的成分参加进来是不够的，应该让精神性的成分占的比重也越来越大。这就是要建立起两个独立灵魂之间的关系，彼此要互相尊重，有精神上的交流。

两个独立的灵魂之间的关系，最重要的特点是平等。父母和孩子之间，第一要有商量的氛围，孩子自己的事情，你不要包办和干涉，你可以给他当参谋，提建议，和他一起讨论，但不可以代替他做决定。第二要有交流的氛围，经常聊天谈心，在孩子自愿的前提下分担忧愁，共享喜乐。在我看来，孩子到了一定年龄，是个少年了，这个时候亲子关系的最高境界是成为朋友，互相都把对方看成朋友。其实这是不容易做到的，孩子长大以后，往往有了心事最要隐瞒的就是父母，有了知心话最不愿意说的也是父母。这个所谓的代沟，一家人之间最好不要出现，起码让它平一点儿，很容易跨过。

3. 引导

父母可以给孩子的东西，第三个是引导。这是教育方法的问题，要引导，不要灌输，不要有很多训诫。我重点说一说智力教育上的引导。在孩子的智力生长上，父母要做有心人，留意孩子智力的闪光。孩子的智力生长是一个自然过程，表现为好奇多问，对于孩子提的问题，发表的见解，你要重视和倾听，鼓励他，和他平等讨论。你这样做，对孩子的智力发展是一个最强有力的鼓舞，他知道好奇心和爱思考是好的品质，是聪明的表现，爸爸妈妈是喜欢的。在我看来，培养孩子独立思考的兴趣和能力，是父母在智育上能够做的最有价值的工作。智力教育并不是说你让孩子认多少字，背多少古诗，有的家长还以此夸耀，我觉得挺可笑的，反正我是不欣赏这种做法的。智力教育的方法是不是对头，我有一个标准，就是看结果是激发了还是压抑了孩子的求知兴趣。活跃的理性能力是源头，源头通畅，就有活水长流；

源头干涸，再多的知识也是死水。千万不要对孩子自然生长的智力品质视而不见，另外规定一套人为的标准，那样做往往事倍功半。

4. 保护

第四点就是在应试体制面前保护孩子。首先，在行动上不要给他增加负担，在学校里他的学习负担已经很重了，不可以再另外给他增加负担，能把功课对付过去就行了。我是坚决不给孩子报课外补习班的。我儿子现在在师大附中上初中，我很欣赏他们学校的一个规定，就是家长不许给孩子报课外补习班，理由是课外班无非是把学校要讲的那些内容早一点儿讲，你就把他的逻辑打乱了，学习的效果反而不好了，对此我深表同意。

其次，在心理上给孩子减压。只要家长用平常心看成绩，成绩就不会对孩子造成太大的压力。我就是这样做的。女儿上初中后，每次考试前，我都会对她说："考咋样就咋样，考砸了也没关系。"她在全年级的排名基本上是十几名，我就跟她约定，保持这个水平就行了。有一次期末考试，她考了个年级总分第一，我批评她说："怎么违背了约定？下不为例。"她知道我一向不看重考分，她的心态因此也从容淡定。儿子上初中后，考试经常是语文、英语两门不及格，后来只有英语一门不及格了，我们全家为之欢呼。

5. 记录成长

最后我对家长有一点建议，希望你们养成一个习惯，就是记录孩子的成长。我是有这个习惯的，女儿和儿子小的时候，我都为他们认真记录。其实对我来说是一个情不自禁的事情，因为孩子的表现这么可爱，讲的话这么精彩，你现在很惊喜，但很快会忘记的，一天天下去，这些东西都会流失的，我觉得太可惜了，所以一定要及时记下来。其实我觉得所有父母都可以这样做，也都应该这样做。

这样做有什么好处呢？我觉得有三个好处。第一个好处，孩子长大了，比如十八岁的时候，你说爸爸妈妈给你一个礼物，就是你们记录的他的童年趣事。你把它整理好，可以印成一本书，我觉得父母能够给孩子的礼物没有比这个更好的了。我们自己的童年记忆是支离破碎的、点点滴滴的，我们是没有完整的童年记忆的。将来你给孩子一个完整的童年记录，他会很高兴的，会感谢你的。第二个好处，你育儿的经历是你自己生命中的一个重要历程，你记下来以后，对于你自己也是一个宝贵的留念。第三个好处，我刚才讲了，你有了孩子，必须提高自己的素质，提高素质有什么办法？只是去看那些育儿的书，我觉得不够。你督促自己，每天观察和记录孩子的成长，这个过程中你是有思考的，实际上你是在探讨如何育儿，这本身就是在提高你的素质。所以，这是家长自我教育的一个有效方式。当然，坚持是不容易的，因为我们不仅仅是做父母，我们还有自己的工作、自己的事业，还要为生存和事业而奋斗。但是，一个人忙碌起来就容易成为粗心麻木的父母，越是因为这样，我觉得就越应该养成这样一个为孩子记录的习惯，你坚持这样做，就可以防止成为粗心麻木的父母，会促使你细心敏锐地观察孩子。

互动

问：您说过孩子是自然生长的，他的小身体里潜藏着巨大的生长能量，在每一个生长的节点上，他会用自己的方式表达他的新的需要，我们大人不用过分担心。那么，作为父母，我们要做哪些事情呢？

答：这个话我主要是针对孩子特别小的时候，婴幼儿时期。因为往往一个人当了父亲和母亲，第一次有了孩子以后会有点儿紧张，这个孩子怎么抚养，什么年龄该做什么，会有许多疑问。其实我从婴幼儿身上观察到一点，可以这么说吧，就是大自然已经把程序的编码放在孩子的身体里了。到一定的时候，他自己就会把这种要求表达出来，就会往那个方向发展。很多东西不是大人教的，我就举两个例子。从婴儿到幼儿的转变有两个标志，一个是学会走路，一个是学会说话。但是你说走路和说话是大人教的吗？我说不是，这种需要和能力已经潜藏在他的身体里面了，到一定的时候就会展现出来。一般来说是一岁左右的时候，可能不同的孩子有早有晚，他会自然地爆发出来。比如走路的需要，你会发现孩子不要你抱了，你抱他，他就挣扎，他想自己下地走，他这个要求非常强烈，真的是不可抗拒。说话也是这样，一般也是一岁左右，他就开始用一些你觉得好像没有意义的音节来表达他的想法，常常非常着急，慢慢地从大人的这种语言环境里面，他会找到适合表达自己想法的一些词，断断续续地说出来，这个过程非常自然。一个小孩一旦会走路、会说话，他就自由了。会走路，他在物理世界里面自由了，他可以四处探索了；会说话，他在精神世界里面自由了，他可以交流了。这两种能力非常重要，但他身体里已经有

250

程序的编码，时辰一到就会启动。

那么大人做什么呢？我觉得就是要注意观察，然后就协助大自然，帮助孩子去完成这样一个转变。有的大人过分操心，哎呀，我这孩子怎么到现在还不会走路，还是在那儿爬呀，我这孩子怎么说话也说不连贯呀，比别的孩子说话晚多了。不用担心，大自然设定的时间有早有晚，时辰到了都会展现出来。你的任务是协助他，比如当孩子对说话感兴趣的时候，你就多和他说。我是很喜欢跟孩子说话的，尤其当孩子说的话听起来好像是没有意义的音节，咿咿呀呀的时候，我也变成孩子了，跟他咿咿呀呀，也跟他说一些没有意义的音节，我们两个都特别快活。其实这就是在协助他完成大自然安排往前走的一个使命。

问：我的孩子喜欢写作，我希望未来让孩子在写作的道路上能走得更远。您是知名的作家，对此有什么建议？

答：我的建议是你可以鼓励他，但是不要刻意把他培养成为一个作家，一个专业作家，不要把这个作为目标。如果把这作为目标的话，我觉得会对写作发生不好的影响。我自己回忆，我小的时候，年轻的时候，我从来没有说我将来要做一个作家，我从来没有这样一个目标。我就是喜欢写，我有好多经历，好多感受，我自己很珍惜，我要把它记下来，觉得不写可惜了。而且，既然我很珍惜，我就要用尽可能准确的语言把它表达出来，无非是这样。但是慢慢地，你就具备了一种捕捉生活中有意义的素材的能力，也具备了一种写作的能力，我觉得这是一个很自然的过程。后来我成为作家可以说完全是一个偶然的事情，我很可能没有成为作家，我可能去从事别的行业，但是尽管如此，我仍然会喜欢写作。如果刻意把成为作家作为目标，就会有功利的考虑，有成功和失败的焦虑，反而可能走不远。所以，孩子喜欢，你就鼓励他，让他写自己喜欢的题材，写出来的质量也让自己喜欢，这就够了，只要这样，我相信他就能够自己往远处走。

问：现在有很多家长出于工作等原因没时间陪孩子，对于这些忙碌的家长，你有什么好的建议吗？

答：其实我可能不会有太好的建议，因为这是一个客观事实。在这一点上我是比较幸运的，因为我的职业可以说是自由职业，时间是自己安排的，我就可以安排比较多的时间陪孩子。如果是双职工，都要上班，我想一般来说晚上是在家里的，可以用晚上的时间多陪孩子。两个人分工，比如说一周里面，我陪三天，你陪三天。我觉得陪孩子既是责任，也是享受，两个人都应该尽这个责任，也都应该得到这个享受，是吧？

问：怎样在孩子成长早期发现其人格是否健全呢？您作为研究哲学的一个学者，能不能从这个方面给我们介绍一下？

答：我觉得家长提这样的问题，他应该检查一下自己的人格是不是健全。孩子很小的时候，你就要去发现他人格是不是健全，有没有不健全的地方，我觉得这样一种心态是不好的。天生人格不健全的孩子是极少数，我认为不应该过多考虑这个可能，应该忽略它。当然，如果孩子已经表现出来了人格的问题，比如说有自闭症，就应该重视，要想办法给他一种康复治疗。但是绝大部分的孩子不是这样，能不能形成健全的人格，这是在生活的过程中、在教育的过程中产生的一个结果。所以，作为家长来说，不应该一开始就去观察他人格是不是健全，去发现他有没有不健全的地方，这样你就会疑神疑鬼，没病找病，结果孩子就真的有病了。应该给孩子正能量，给他友好的生长环境，正确的教育，这样才能把他培养成一个人格健全的人。

（举行此讲座的时间、地点：2020年12月3日，新华保险公司）

谈教育片断

2002年3月26日　四川蒲江中学：

刚到成都，有记者听说我要来你们学校，就问我准备对你们讲什么，我脱口说："我准备和同学们讨论一下怎么对付教育。"（掌声，大笑）我本来是开个玩笑，但是，话一出口，我立刻感到这不是玩笑，而是一个严肃的话题。现在的教育的确是一个需要我们对付的东西，学生和好的老师应该联合起来，想办法对付它。说什么把应试教育改为素质教育，要真正做到这一点，首先必须做一件事，就是改革高考制度。（掌声，欢呼）不这样做，改变应试教育就是一句空话。大学应该开放，像西方发达国家那样，只要有合格的中学毕业文凭，谁都可以进去。当然，不是谁都能够毕业，要毕业就必须写出合格的论文，证明自己具备一定的研究能力。

2003年4月1日　江苏张家港中学：

我看到你们的校舍和设备这样好，觉得你们很幸福。然后，我听校领导和老师说，你们每天从早到晚必须做习题，两周只能休息一天，又觉得你们很不幸。但是，你们的校领导、老师和你们站在一起，想办法对付现行教育体制，尽量为你们争取自主学习的空间，我又觉得你们在中国不幸福的中学生里又是比较幸福的。我很佩服你们的高校长，他不像许多校长那样是在做官，他是在做教育家。

在高中期间，最重要的事情是什么？我认为是保护求知欲，培育对知识的浓厚兴趣。

高校长要我谈谈怎么提高作文水平，我的建议是，要以珍惜自己的经历和体验的心情坚持写日记，根据我自己的经验，我觉得这是最有效的途径。不过，我要提醒你们，也提醒在座的语文老师，你们写的日记不要给老师看，谁也不让看，老师也不应该要求看。只有这样，你们才可能写得真实。语文水平不是纯粹技巧的问题，最重要的还是要有真情实感，然后把它准确地表达出来。那么，不让老师看，老师怎么知道你们的水平有没有提高呢？完全能够知道，因为你们从写日记中得到的收获必定会在作文中体现出来，而被有慧眼的教师看到。

2004年7月12日　香港大学李韶计划宴会（在北京大学举行）：

李韶先生要我和你们谈一谈教育。对在校的大学生谈教育，我最想说的是提醒你们对教育保持警惕。据我所知，一切优秀人物在上学时都有这样的警惕，不为了做"好学生"而被体制化教育损害，爱因斯坦就是一个典型例子。体制化教育有两个不可避免的缺陷。一个是保守性，它只适合于平均智力水平的学生，世界上没有也不可能有适合于天才的教育体制，它着眼于既有知识的接受，而创造的能力是不可教的。另一个是功利性，它把注意力放在培养社会当前所需要的人才方面，而在现在这个急功近利的时代，功利性更是膨胀，市场经济价值支配了大学教育，并且通过应试程序比如能不能进名牌大学又支配了中等和初等教育。体制化教育的这两个缺陷是不可克服的，最多只能减轻。我说这些不是要你们拒绝体制化教育，而是要你们与它保持距离，不要完全被它支配。我认为，一个学生的学习是否卓有成效，归根到底就取决于他在体制化教育面前为自己争得了多大的自主学习的自由。

2007年4月27日　重庆第八中学：

我当年上的也是名校，和你们不同的是，不是爸爸妈妈让我上的，是我当时关注的一个女生让我上的。（大笑）她告诉我，考上了上海中学，上学和放学有小汽车接送。我考上了，但是哪有小汽车接送呀，不过我一点儿不后悔，我的收获比小汽车接送可大多了。我在中学时代的最大收获是养成了两个终身受益的习惯，一是读课外书，二是写日记。

现场交流片断——

问：你对中学语文考试怎么看？我们应该怎样处理语文考试与对文学的爱好之间的矛盾？

答：我认为现在的语文考试是荒唐的。（掌声）中学语文测试常常用我的文章做考题，让学生分析其中一些句子的含义，有标准答案。

有一次，一位朋友的女儿拿这样一份卷子让我做，我只得了六十九分。她给我看标准答案，天哪，我自己压根儿没想到我写的文章有这些含义。（大笑）怎样处理语文考试与对文学的真正的爱好之间的矛盾？只有一个办法，就是语文考试向对文学的真正的爱好让步。如果让我改革语文考试，我就只考一样，就是写文章，而且不命题。（掌声）

2007年10月19日　苏州大学附中：

我认为中学教育的主要目标是让学生快乐学习，健康生长，成为优秀的人。大家都在讲素质教育，什么是优秀的智力素质？在学生阶段，就体现在两种能力上，一是快乐学习的能力，二是自主学习的能力。学习本来是天底下最快乐的一件事情，现在成了最痛苦的一件事情，肯定是教育出了问题。

语文教学的任务是培养阅读能力和写作能力。在阅读方面，要有一定的阅读量，逐步形成好的阅读趣味。怎么算好？一是有眼光，能辨别书的好坏。二是有个性，找到自己的书中知己。现在语文测试都有标准答案，这很荒唐，如果用来测试的真是好文章，不同的人就一定会有不同的理解，水平就体现在有独立的见解，哪怕是"创造性的误解"，言之成理即可，所谓标准答案必定平庸至极。在写作方面，要鼓励学生勤写，写自己感兴趣的东西，这样才能写得真实，写出水平。所以，我主张作文以不命题为主，即使命题也要宽泛些。

2008年12月26日　北京第一实验小学：

来实验一小做讲演，我很激动，激动到什么程度？失眠了。我在各地做过许多讲座，这是最感到光荣的一次，因为我一直想有一个机会，来表达我心中的感激和敬意。我深感实验一小是一个好学校，不只因为是百年名校，名校不一定是好学校，好学校的标准是有一个好校长和一批好老师。我的孩子在陈媛老师的班上，她心情一直很愉快，经常兴致勃勃地跟我讲班上的事情，我从她的讲述中感到，陈老师真是爱孩子、懂孩子。来之前我读了颜凤岭校长的文章，颜校长提出"文化育人"的理念，提倡人的精神性培育，教育的目标是人的精神属性的发展，鉴于现实中的背离，他强调文化育人就是要回归人的本质、教育的本质。我非常欣赏这些见解，今天我的讲演实际上是表达对颜校长的观点的强烈共鸣。

在座的都是教师，你们比我更懂教育。我的专业是哲学，对人生哲学的问题想得比较多。不过我想，人世间许多道理是相通的，做人与教人、育己与育人是一致的。我们对自己的人生最看重什么，我们在教育孩子时也就应该最看重什么。我自己认为，人生中最值得追求的是两个东西，一是幸福，二是优秀。这两个东西又是有联系的，幸福的源泉一是健康的生命，二是优秀的精神，而优秀就是智力、情感、道德等精神属性的健康生长。我们愿意自己有幸福的人生，成为优秀的人，那么，这也应该是我们教育孩子时努力的目标。

阅读与成长

今天我和大家谈谈读书的问题，我可以算读了一辈子的书，就谈谈我的体会。

一个中学怎么样才算好学校？一般的评价标准就是看你的升学率，升入名校的比例，这也可以作为一个标准。但是我觉得仅仅以这个为标准是不够的，我看一个学校，还要看它课外的阅读做得好不好，我觉得这一点更加重要。在我看来，一个学生怎么样算是素质高呢？我归纳了两条，第一是他有快乐学习的能力，喜欢学习，对知识充满兴趣。第二是有自主学习的能力，他不但对知识感兴趣，而且知道自己的兴趣在什么地方，他能够按照自己的兴趣来安排自己的学习，我觉得这样的学生是素质高的。那么这种爱学习、会学习、有自学的能力表现在什么地方，很大的一个表现就是他绝对不会仅仅局限于功课，他一定会有自己阅读的爱好，有自己爱好的方向，一定是这样的。所以在我看来，一个学校如果说是好学校的话，就是课外的阅读、学生的自主阅读占的比重高，喜欢课外阅读、有自主阅读能力的学生多，我就觉得这样的学校是一个好学校，它培养出来的不仅仅是能考试的学生，而是素质真正高的学生。

同学们现在正在人生最美妙的时期，就是青春期，青春期有一件最美妙的事情，是什么呢？就是谈恋爱。（笑声）我回忆我的青春期，比较明确的是在北大的时候。我上北大十七岁，进了北大以后，有一天突然发现，世界上有这么多漂亮的姑娘（笑声），当时的感觉就是这个世界太美好了，人生太美好了，感到一定有一件非常美好的但是我还不太清楚的事情在等着我，但是这一等就等了很多年，其实我谈恋爱很晚。不过，我说的恋爱不是狭义的，不只是男女之间的卿卿我我，青春期最奇妙的感觉是什么？你看世界、看人生都是一种恋爱的心情，你是和整个世界谈恋爱，和整个人生谈恋爱，眼中的一切充满了魅力，这种心情是最奇妙的。那么在这里面有一项就是对书籍，也是怀着这种恋爱的心情。我当时就是这样，好像突然发现了一个书的世界，这心情和发现了女孩子的漂亮是一样的。青春期的阅读真的有一种恋爱的特征，它是非常纯洁的，没有功利的考虑，它又是非常痴迷的，如痴如醉，而且也像恋爱一样，在阅读的过程中充满着奇遇，有一天突然发现一本好书，一个自己喜欢的作家，那种激动，那种快乐，难以形容。

我是在上海中学上的高中，我们的阅览室墙上贴了一些励志的名言，给我印象特别深的是高尔基的一句话："我扑在书本上，就像饥饿的人扑在面包上一样。"我觉得这句话把我当时的心情说得太准确了。同学们要知道，像这样充满热情的、纯洁而又痴迷的青春期的阅读，以后很难再有了。等到你成年以后，你也可能仍然是一个爱读书的人，但是往往会有功利、事务、疲劳来干扰，你要承担生活的压力，要应付很多事情，很难像现在这样纯粹而痴迷地读书了。如果说青春期的阅读像恋爱，恋爱是很纯粹的，那么，成年人的阅读就有点儿像婚姻，婚姻可能就比较功利。我可以说是一个爱读书的人，但是我现在真的不像高中的时候、大学一二年级的时候那样，拿起一本书就忘掉了一切，这恐怕是没有办法的。

所以，同学们一定要珍惜这段时光。一个人在成长的阶段有没有过这种青春期的阅读，对他后来的影响会非常大。你只要看一看有些人，他们走出校门以后再也不读书了，最多是读一点儿专业书，或者是怎么炒股、怎么养生的书，你就知道是怎么回事了，这些人肯定是不曾有过青春期阅读的经历的。没有阅读习惯的人，他的世界是很狭隘的，其实很可怜。相反，你如果有过这种经历，你在高中、大学期间真正品尝到了阅读的快乐，从此养成了阅读的习惯，那你是一辈子受益的。

阅读和成长之间有一种内在的联系。青少年时期是成长的关键时期，所谓的成长，不但是身体上的成长，更是精神上的成长。精神上的成长，要靠精神的营养，而且应该是好的精神营养，是安全的、健康的食品，里面没有三聚氰胺之类，这就是好的书籍。一个人精神成长的关键时期，同时也正是培养阅读习惯和品位的关键时期，这两个关键时期之间一定有一种内在的联系。一个人在这个时候没有养成读书的习惯和品位，不爱读书，或者只读一些平庸的书，精神上就会发育不良。如果在这个时候养成了读书的习惯和品位，就为一生的精神发展打下了基础。

人类的精神财富主要是以书籍的形式保存下来的，书籍是人类的精神生活传统的主要载体。什么叫作精神成长？我们每一个个体，你的精神生活和精神成长是不能脱离人类精神生活的传统的，把你放在孤岛上，和人类的精神传统隔绝，你是不可能有真正的精神生活的。你必须进入人类精神生活的传统中去，进行学习和思考，在这个过程中，你的精神就成长起来了，越来越丰满了。那么，人类精神生活传统的主要载体就是书籍，所以阅读是精神成长的最重要的源泉和过程。

　　人生的目标应该是什么？我觉得我们真正要追求的无非是两个东西，一个是优秀，一个是幸福。优秀和幸福都和青少年时期的精神成长有密切的关系，精神成长得好是一个基础。在青少年时期，一个人的身体在成长，精神也在快速地成长，心灵里在发生着重大的变化，是人生一个关键的时期。如果在这个时期你的精神成长得好，你就为一辈子的优秀打下了基础。人生的幸福，其中最重要的部分是精神方面的享受，也取决于你的精神成长得好不好。所以，在青少年时期通过阅读让精神成长得好，真的就关系到你以后能否优秀和幸福。

　　精神的成长，具体来说有哪些方面？哲学家们把人的精神属性相对地分为三个方面，就是智力、情感和道德。我们学校里的教育，从精神层面上说，相应的就有三种教育。一是智育，就是智力教育，不光是学习知识，目标是智力的成长，拥有自由的头脑。二是美育，不光是培养画画、唱歌之类的技艺，美育是情感教育，是心灵的成长，拥有丰富的心灵。三是德育，也不是表面的规范性教育，德育是灵魂教育，目标是灵魂的成长，拥有善良、高贵的灵魂。今天时间有限，我重点说说前两个方面。

先讲智力的成长。我们在学校里学习，大量的时间是花在智育上面的，包括学习各门知识。但是我觉得，智育的目标应该是培养自由的、活泼的头脑，这比学习知识更加关键。无论是课内学习，还是课外阅读，主要的目标都应该是让自己具备良好的智力品质。一个学生的智力品质好不好，看什么？最重要的智力品质是什么？我一直认为是两个东西，一个是好奇心，一个是独立思考的能力。好奇心就是对世界、对知识充满兴趣，如果没有，智力从根底上就是有缺陷的，将来的发展是很有限的。好奇心针对具体的现象，要弄清楚现象背后的原因，我们就有了科学。好奇心针对整个宇宙和人生，要弄清楚世界的本质和人生的意义，我们就有了哲学。哲学不只是一门学科，而是人类应该有也必然有的一种品格。作为一个人，要追问世界和人生的真相，要活得明白，不愿意糊里糊涂地活，这是理所当然的。

孩子都是有好奇心的，会提出许多问题。孩子的好奇心比大人强，你们的好奇心比我强，我相信你们小时候的好奇心又比现在强。我从我女儿身上看得很清楚，她好奇心最强烈的时候是四五岁，那时候会提出很多问题，其中一大部分是真正的哲学问题，我觉得非常可贵。我绝对不会像某些家长那样，孩子一提这种问题就说你不要胡思乱想，你要去想有用的问题。什么叫有用？想这种好像无用的问题，其实标示了一种精神的高度。所谓有用特别功利，对于学生无非就是考试和升学，对于企业无非就是经济效益。我觉得我们的问题就出在这里，不重视精神本身的价值，对什么问题都要问有用没用，没用的问题就不要去想。

为什么人的高级属性的满足要用低级属性的满足——所谓的有用——用物质的效用来衡量呢？这不是颠倒了吗？我相信，那些真正为人类文化做出了重大贡献的人，他们都是好奇心的幸存者，他们的好奇心没有被功利心扼杀掉。

另外一点就是独立思考的能力。你不能对什么都好奇，但是对什么都不去深入地研究。有的人好像兴趣广泛，但对什么都浅尝辄止，结果一事无成。我认为这不是真正有好奇心，起码只是很弱的好奇心。真正有好奇心，一定是一种迎接挑战的感觉，要自己去解开这个谜，用自己的头脑去寻找答案，把未知变为知，而这就是独立思考。

智力品质的这两点，具体到教育上、学习上，就是我前面说过的快乐学习的能力和自主学习的能力。首先是喜欢学习，学习本身就是快乐的事情，然后是知道自己的兴趣方向在哪里，能够按照自己的兴趣方向来安排自己的学习。做到了这两点，就是合格的学生。

好奇心和独立思考能力也好，快乐学习和自主学习能力也好，概括起来说，就是一种智力活动的兴趣和习惯。一个人通过高中的学习、大学的学习，最后要造就一个什么东西？就是这个智力活动的兴趣和习惯。你喜欢智力活动，你擅长智力活动，你的智力始终是活跃的，你有一个自由的头脑，这是最重要的，最后具体搞什么专业并非最重要的。一个人品尝到了智力活动的快乐，从此养成了智力活动的习惯，他喜欢学习、思考、研究，智力活动几乎成了他的本能，成了他的生活的第一需要，这样的人才叫知识分子，我相信这样的人无论在哪个领域一定是有作为的。并不是有学历、有文凭就算知识分子，说实话，有学历、有文凭的人里能够称得上知识分子的并不多，很多人离开学校以后就基本上没有智力活动了，这是很可悲的。

所以，一定要珍惜在学校里的这一段时间，真正养成对学习的爱好和自学的能力，这是一辈子受用的，光考试好没有用。一个人的学习是一辈子的事情，学校不过是一个打基础的地方，而且主要不是打具体知识的基础，是打智力品质的基础。你喜欢学习，并且知道了自己兴趣和能力之所在，以后来日方长，慢慢地积累，会越来越深厚的。在这方面我体会很深，我大部分的东西都是后来学的，在学校学的东西并不多，占的比例很小。但是在高中和大学的时候，我觉得非常幸运的一点是养成自学的习惯了，大部分时间都是在自学，也就是课外阅读，只用少量的时间来对付功课。我认为，真正的学习都是自学，不管你上的是不是名校，有自学能力的都是好学生，相反的就不是好学生。你有自学的能力，学校里的学习就只是一个开端，出了校门你会一辈子学习。你只是跟着老师和课程亦步亦趋，没有自学的能力，一出校门你的学习也就结束了，不会有更大的发展了，无非是找份工作，运气好就找到一份钱多的工作，这样的人生美好吗？我觉得不美好，挺可怜的。

我特别强调一点，就是你们现在在学校里，包括以后上大学，在智力的成长上要达到一个什么样的目标，你们心里一定要清楚，主动权掌握在你自己手中，要看清楚这一点。一个学校有好老师、好校长，有一个好的教育环境，这当然很幸运，现在我们大部分学校的孩子是不幸运的，大部分学校是跟着应试教育走的，孩子们学习得不快乐，更不要说自主学习了。但是，无论作为一个学校，还是作为一个个体，想自由的话总是能够争取到一定的自由的。

我当年进北大的时候，本以为进了高等学府一定能学到很多知识，但很快发现事实并非如此，如果我跟着课程跑的话学不到什么。我就想一定要掌握学习的主动权，那时候我基本上是两三百人的大课就逃课（笑声），反正发现不了，小课一个班二十五个人，逃课肯定会被发现，旷课多少节是要被开除的，我可不愿意被开除，基本上是老师在上面讲课，我在下面看自己的书，有一回我看得入迷的时候，老师提问叫我的名字，我站起来问"干什么"（笑声），全班哄堂大笑。

我想说的是，不管在什么情况下，学习是你自己的事情，你要当学习的主人，不要被教材和课程拖着走，要学会自己管理自己的学习，这是一种非常重要的能力。你将来在进一步的学习上、在事业上有没有成就，这是很关键的一点。现在这个社会对于年轻人来说是很严峻的，生存压力这么大，但是自主权还是在你自己手上。你将来有没有自己真正的事业，这一点取决于你，而不是取决于环境。我敢断定，那些完全被应试教育支配的学生，将来很可能是不会有自己的事业的。

接下来讲心灵的成长。人不但有认识能力，凭了你的智力和知识在社会上做事，人还有情感，要有心灵生活。我们在同一个世界上生活，但是如果你的内心状态不一样的话，实际上你眼中的世界是不一样的。一个内心贫乏的人，他看到的世界也是贫乏的，无非是车子、房子和钱，而一个内心丰富的人对世界会有很多微妙的感受。

为了有丰富的内心世界，一个重要的途径就是阅读，主要是读人文书籍，包括哲学、宗教、文学、历史等。心灵的成长是情感品质的成长，就是美育，我今天没有讲灵魂的成长，道德品质的成长，就是德育，实际上好的人文书籍都含有这两个方面的内容，展现一个既丰富又高贵的精神世界。读人文书籍是没有专业之分的，不管你以后从事什么专业都应该读，只要你愿意你内心丰富而高贵就都要读，内心的丰富和高贵是通过读这些精神导师的书熏陶出来的。我还喜欢读一些真正的精神大师，那些大哲学家、大宗教家、大艺术家、大文豪，他们的自传或者传记，我觉得读了真的有启迪的作用，应该怎样做人，你会感到一个人拥有丰富的心灵和高贵的灵魂，这比什么都好。

对于今天的年轻人，我特别强调要少上网，多把时间花在读书上面。上网去看那些八卦新闻，去聊天，你想一想做了这些事情以后，对你的精神生长有没有好处？我觉得一点儿好处也没有。反正我是舍不得花时间在这上面的，我的孩子也不做这些事情。应该把时间用在让自己的精神真正得到成长上面，那就应该去读书。人类的精神财富最主要的存在方式就是书籍，对这一点我坚信不疑，网络无论如何不能取代书籍。当然网络有它的好处，造成了传播方式的革命，推进了信息的公开化和政治的民主化。但是，网络对人们的精神生活也产生了很大的负面作用，导致了阅读的碎片化、交流的表面化。你整天泡在网上做一个网虫，老是去和陌生人聊天，我真的觉得意义不大。不能用聊天来取代自己独处和思考，后者是更重要的，能使你的灵魂变得深刻。你光是上网啊，看一些网络小说啊，聊天啊，我断定你一定会变得越来越肤浅。

要多读书，而且一定要读好书。一个人真正能够用来读书的时间是非常有限的，可以说读书是我的职业，但是我也觉得好书读不完啊，既然这样，你怎么还可以花时间去读那些比较差的书、那些平庸的书呢？什么是好书？当然每个人会有自己的判断，我的标准是明确的，就是真正能让你得到精神上的愉悦和提高，使你在精神上变得更加丰富和深刻。老有人让我开书单，我说我开不出来，因为阅读是个人的精神生活，每个人的书单肯定是不一样的。但是有一条，我说你可以把选择的范围主要放在经典名著上面。我读书基本是读经典名著，不妨说基本是读死人的书，活人的书读得很少。现在出的书太多了，怎么去甄别啊？可能看了很多平庸的书才遇到一本好书，但已经浪费了很多时间。经典名著是时间这个最权威、最公正的批评家帮你选出来的，我发现真的没有上当，它们确实有最大的精神含金量。西方从古希腊开始读，中国从春秋时期、从孔子开始读，你从古今中外的经典著作里面去选适合你的书，你读了会喜欢的书。哪怕经典著作也是读不完的，所以我建议大家还是把时间尽可能地花在这上面。

有的人说经典著作太难读了，一开始你可能会这样感觉，这有一个过程，我相信只要你读进去了，就会发现其实并不难读。大师就是大师，真正的大师是平易近人的，他不会故弄玄虚，一定是要真实地传达自己的思想，只有平庸的作家才故弄玄虚，因为他没有真货色。我们读经典也应该有一种平实的态度，不要端起架子来做学问，不要去死抠字眼和含义。我觉得我们语文课有个特别可笑的东西，就是让你去分析课文的段落大意、主题思想等，这个真可笑，对提高你的语文水平一点儿用处也没有，恰恰起到相反的作用。我的文章就常常被用来做这种测试的题目（笑声），我因此遭受不白之冤，有好些孩子骂我，说我让他们吃了这么多的苦。有一回，我的一个朋友的孩子，一个高中女孩，拿来了一份测试卷子，是我的一篇文章，题目叫作《人的高贵在于灵魂》，我不知道你们做过没有？（听众回答：做过。）她说周伯伯你自己做一下（笑声），我就做了，她按照标准答案给我打分，六十九分，我自己的文章我都看不懂了，她很高兴我的分数比她还低，她得了七十一分。（笑声）不能这样读书，语文课主要是培养你的阅读兴趣和能力，你的写作兴趣和能力，就这两条。可以分析范文，但是应该着重个人的独立见解，不可能有标准答案的。你理解得有意思，哪怕是你自己的发挥，也没有关系，从范文中引发出你自己的真实的感受和思考，把它们表述出来，这就是合格和优秀。

我自己觉得，读书时最愉快的感觉、最感到有收获的是什么？肯定不是去分析所读的那本书的全部内容，而是突然发现作者表达的某个思想我也有，但是他表达得非常好，引发我去进一步思考。这是一种自我发现，是你本来已经有的东西被唤醒了，这是最愉快的，是最大的收获。你自己本来完全没有这个东西，那本书把这个东西表达得再好，你读的时候也是不会有感觉的。所以，在阅读的过程中，你对文本的反应是你内心已有的东西的一种表现，而不仅仅是在理解一个客观的东西。把阅读当作一个纯粹客观的接受过程，那是最笨的、最无效的。事实上，你内在的积累越深厚、越丰富，阅读的过程就越愉快、越有效。如果你把阅读时被唤醒的东西表达出来，这就是写作了。你们看我的很多文章，实际上都是读了某本书以后写的，但是我绝不是在分析那本书，我是在说读了以后被唤醒的东西，这个东西才有意思，我觉得我也可以说一说这个东西，甚至可以说得更好，这样的文章往往我自己特别满意，读者也喜欢。

这是阅读。另外我觉得要让内心丰富，还有一个重要途径就是写作。我认为本真意义上的阅读和写作都是非职业的，应该属于每一个关注心灵生活的人，你们将来即使读理工科也应该写。并不是说读人文书籍只是学者的事情，写作只是作家的事情，其实我成为作家是非常偶然的，我在上学的时候根本没有想到有一天会成为一个所谓作家，但是我不当作家也一定会写。我的写作是从写日记开始的，我从小就写日记，到高中和大学的时候，基本上是天天写，一天写好几页。我一直说，从高中到大学，我就两门主课，一门是看课外书，还有一门就是写日记。但是很可惜，大学四年级的时候，"文化大革命"爆发了，有两件事情刺激了我。一个是我的好朋友，直到现在还不知道是否非正常死亡，我当时很绝望，觉得一切都没意思了。还有一个是武斗，抄家成风，对立派把你的日记抄成大字报，说是反动日记，把你拉出来斗，如果我的日记被抄出来，肯定就是反动日记了。因为这两个刺激，我把全部日记都毁掉了。不过，写日记的习惯还是改不掉，离开北大后又写了。对于我来说，写日记不是要不要坚持的问题，已经成了本能，非写不可。

面对中学生的时候，我总是提一个建议，就是要养成写日记的习惯。你们现在正处在人生的早晨，以后的日子还很长，你们要记住，一个人最宝贵的东西就是你的经历，是你在经历中的感受和思考。无论是现在，还是在将来的生活中，你们会有快乐，也会有苦恼；会有顺利的时候，也会有受挫的时候；会遇到喜欢的人，也会遇到讨厌的人。一个人外部的经历可以说有的是正面的，有的是反面的。但是，我觉得，通过写日记，你可以把所有的经历包括似乎反面的经历都转变成你的财富。大家都在一天天过日子，但是有的人是用心在过，有的人他的心不在场，灵魂不在场，结果是大不一样的。写日记的作用是在鞭策你、督促你，让你的灵魂在场。写日记的时候，实际上是你的灵魂在审视你的经历，对那些有意义的经历给予肯定，把它留住。养成了这样的习惯，当你生活的时候，你的灵魂也会在场，用我的说法，就是你的灵魂的眼睛也是睁开的，你会关注和仔细地品味那些有意义的经历，你的生活因此充满了意义。

所以，通过写日记，不但可以把外在的经历转变为内在的财富，而且还可以让你在一定程度上超越于你的外部经历。你有一个身体的自我，这个自我在社会上活动、折腾，你还有一个更高的自我，后来我在尼采的著作里也看到了这个概念，他也谈到了更高的自我。这个更高的自我可以说是一个理性的、灵魂的自我，是人性中本来应该有的，但是许多人的更高的自我是沉睡着的，甚至几乎死去了，再也唤不醒了。我们一定要让这个更高的自我早一点儿觉醒，让它来指导身体的自我，而写日记和读好书就是让它觉醒的好办法。

人不能缺少两种交谈。一个是和历史上的大师交谈，这就是阅读。另一个是和自己的灵魂交谈，写日记就是一种好方式。换一个说法，人不能缺少两个最重要的朋友，一个是自己，就是你身上的更高的自我；另一个是好书，活在好书里的那些伟大的灵魂。我们每个人的生活范围终归是有限的，你可能在你周围的环境中找不到大师，但是许多大师在书籍里面，你随时可以去见他们。一个是大师，一个是自己，有了这两个朋友，你就不会孤单、不会浮躁，你就会拥有一个宁静的、充实的内心世界。我本人认为当代无大师，当代出明星和偶像，出不了大师。有时候我被人称作大师，我自己觉得很可笑，我读过大师的书，明白我和他们的差距有多大。偶像周围有一大群"粉丝"，也有人自称是我的"粉丝"，我就说你们不要做我的"粉丝"，我不想当偶像，你们也不要做任何偶像的"粉丝"，做"粉丝"有什么意思啊，我们大家一起来做大师的学生吧。我也是大师的学生，我希望你们也做大师的学生，我所做的事情实际上就是把人们引到大师的面前，告诉他们，这才是大师，你们去读他的书吧。出大师需要合适的土壤，就是一种鼓励纯粹精神追求的环境，我们这个民族太重实用，缺乏这个土壤。这个土壤怎么来培养？我觉得要靠你们，反正我认为我们这一代人是没有希望了，反正我是没有希望了，希望寄托在你们身上。好，谢谢大家。(掌声)

现场互动选摘

北京一零一中学

问：您说读书要不求甚解，但又说要因为知识本身而尊重知识，按我自己的解释，就是不断扩大对世界的了解是一种享受。那么，为什么当你有了这个疑问不要去想它，或者说要想到一个什么程度才可以放弃？

答：这是不同的两个问题。一个是你真正关注的一个问题，就要去独立思考，把它想清楚，这是在真理问题上的认真态度。我讲的不求甚解则是一个读书的方法，是指在读一本书的过程中，尤其是你觉得这本书比较难懂的情况下，你就不要死抠某些段落和句子的含义，不要被难点卡在那里，那是个笨办法，你只要领会大意就可以了，以后对这个作家的思想有了更多的了解，回过头去再读，就会比较容易懂了。这就像走路一样，前面有暂时过不去的障碍，你不要在那里死等，可以换一条路走。（掌声）

问：我想问您相信有神的存在吗？

答：我不知道。（掌声）我不肯定也不否定，存疑。我希望它存在（掌声），而且我就当作它是存在的那样去做事。（掌声）

问：您认为人生的意义到底是什么？

答：这个问题太大了。说真心话，我也不知道。你用了"到底"这个词，如果是指人生的终极意义是什么，我真的不知道。要解决人生的终极意义问题，可能只有靠宗教，哲学解决不了。哲学可以解决人生范围之内的意义问题，我这一辈子怎么样过才有意义，什么样的生活是最值得追求的，可以想这样的问题。比如说，在这个问题上，我认为最值得追求的是生命的单纯和善良，精神的丰富和高贵。现在我只能走到这一步，如果你追问我这个意义背后还有什么意义，我真的不知道，应该去问上帝。（掌声）

问：您有一部著作叫《另一种存在》，里面有一句话是"我的事业是穷尽人生的一切可能性"，请问您是如何定义这个可能性的？

答：下面还有一句话你忘了说了，我接着说——这是一个肯定无望但是具有巨大诱惑力的事业。任何一个人都不可能穷尽人生的一切可能性，所以我的这段话只是表达了一个热爱人生的人的心情，就是要最充分地活一场，人生的一切好东西我都要。

问：既然说到您的事业，您能用一个哲学家的身份来说吗？您之前也说了，科学家是解决能解决的问题，而哲学家是解决永远无法解决的问题，请问您在思考这些问题的时候，有没有坠入过无尽的深渊中呢？如何应对这个感觉从而继续往下深入思考呢？（掌声）

答：你说得很有意思，我相信你自己就有这个感觉。我举个例子，比如对死的思考。我从小就被死困扰，每想到死后的虚无，这个"我"永远永远不再存在，就有你说的那种坠入无尽的深渊的感觉。后来我就发现，要解决这个问题，就必须拓宽思路，把其他的解决方式接纳进来。我们之所以恐惧死亡，是因为不能接受"我"的不存在，那么，佛教就有"无我"说，它告诉你，这个"我"原本就是幻象，你不可执着于它。基督教就有"灵魂不死"说，它告诉你，这个"我"不是会死的肉体，而是不死的灵魂。这两条思路都有道理，但都无法证明，而哲学却要求证明。宗教不同，它不要求证明，或者说，它要求一种内心的体证，和哲学要求的证明是两回事。所以我说，哲学始终走在路上，始终在思考而没有最后的答案。一旦到达终点，有了最后的答案，那就是信仰了，已经不是哲学了。（掌声）

问：您提倡读经典，可是这需要很多的知识经验，如果没有，就读不懂，不会有您所说的这种特别高深的乐趣了，所以我想请问我们该怎么办？（掌声）

答：我倒想问一问，你尝试过没有？（同学回答：试过。）我想你小时候一定读过《安徒生童话》吧，那个东西难读吗？不难吧，那也是经典。其实道理是一样的，随着年龄增大，会有适合于不同年龄、不同知识经验的经典，同样不会感到那么困难，就像《安徒生童话》对于童年时代的你一样。我们一定要破除一个成见，似乎凡经典都是高深的，其实不是这样的。即使比较高深的经典，也值得去尝试，一旦读懂了，你会感到莫大的快乐。快乐是有层次的，为什么我们不去享受高层次的快乐呢？你完全有能力去享受的，我确信这一点。（掌声）

问：在您的价值评断中，什么是排在第一位的，精神上的满足和快乐能排在第几位？

答：价值排序根据一个人的生活状况是会改变的。当生活没有基本保障的时候，毫无疑问物质生活是第一位的，你必须解决生存问题。在生存问题解决以后，精神上的满足和快乐理应上升到主要的位置。从我来说，我现在把两个东西都排在第一位，一个是家庭和孩子，一个是读书和写作，我觉得这两个东西之间丝毫没有冲突。

问：您有过一件事情从道德评判上需要这样去做但是不能获得快乐的时候吗？就是你做的时候不觉得快乐，但是从道德上来说你必须这样做，有过这样的情况吗？

答：就看你所说的道德是你内心认可的做人准则，还是社会的强制性规范。如果只是社会的强制性规范，我内心并不认可，我去做的话当然不快乐。这种情况难以完全避免，有时候你不得不做妥协，但是我心中会有一条底线。如果是我自己认可的道德，那么不说快乐，起码内心是平静的。

问：思想水平没有那么高，但是理解你的人很多，这样比较幸福，还是你的思想境界很高，但是理解你的人很少？

答：最好是思想境界高，理解我的人也多，如果做不到，我就宁可站在高处而理解我的人少一点儿。（掌声）

问：你说不要上网去看和自己不相关的东西，有一句话叫"国事家事天下事事事关心"，这句话应该怎样理解呢？

答：事事关心你关心得过来吗？顾炎武的意思不是要你什么鸡毛蒜皮的事情都关心，他是说一个人对国家大事要有责任感。网上也有一些信息涉及国计民生，你当然可以关心，但是我想，你不是政治家，大致了解就可以了，主要精力还是应该用在提高自己上面，这样将来才能真正为国家出力。人总是要有选择的，应该着重关心那些对自己的精神成长有意义的事情，或者那些自己知道了可以有所行动的事情。

问：您在书里谈到史铁生，很多人认为是残疾导致了他的出色的思想，而您认为他本身就有这个天分，只是碰巧是残疾而已。那么，智慧是不是与生俱来的？如果智慧不是所有人都能有的，对公平怎么看？

答：残疾人多了，史铁生有几个？但我并不是说他的智慧是与生俱来的，应该说人人都有这个潜能，但是潜能要得到实现，成为智慧，就得靠后天。不过，我还想说，每个人的天分或者说潜在的悟性是不

276

一样的，程度的差别很大。有的人悟性特别好，比如史铁生，后天的智慧就很辉煌，有的人悟性会比较弱一点儿。我相信人与人之间是有种的区别的，上帝播的种是不一样的，当然所有的种都应该成长，但是成长的结果肯定会受到先天的限制，这是没有办法的。每个人的责任是让自己尽可能成长得好，不要去问自己的先天条件怎样，那是上帝管的事情，不该你操心。

问：那么很多时候人是注定不能超脱苦难的？

答：超脱苦难有不同的途径。史铁生通过智慧来化解苦难，和苦难保持距离，这是哲人的方式。还有的是英雄式的，和苦难搏斗，或者圣徒式的，因为信仰而坚忍不拔。

问：是不是有的人天生只能纠缠于苦难之中，达不到解脱？

答：是有这样的人，但是我认为不是先天的原因，这是觉悟的问题。觉悟不是先天的，就像佛说的，佛性人人都有，但是真正把佛性开发出来，成为觉悟，要靠智慧、信仰和修炼。

问：您说要多读书少上网，我同意要多读书。但是对于少上网，我是非常不同意的。您关注到网上有八卦新闻，但是难道没有其他的优质内容吗？网上有国内当代最珍贵的精神和最及时的新闻，网络利大于弊，网络是我们了解其他国家最新资讯的一个最自由的平台，对于新技术不应该抵制。

答：刚才这个同学纠正了我的说法的偏颇。网络作为一个新媒介，在当代生活中发挥了巨大的作用，信息传播的无障碍和群众的参与推动了政治的民主化。我是想提醒大家警惕网络对个人精神生活的支配，应该把网络当作一个工具，用它来做有意义的事情，要做它的主人，不要做它的奴隶。现在的确有很多人成了网络的奴隶，也就是所谓的"网虫"，他们花了太多时间在网络上，往往是做一些没有精神含量的事情。另外网络对阅读造成了冲击也是事实，你当然可以到网络上去看好的作品，这仅仅是载体的不同，我强调的是内容，但是网络的特点是传播信息的多和快，所以很多人上网是在浏览信息，而不是深入地阅读和思考。总之，网络有利有弊，正确的态度是用其利而避其害。

问：您的女儿曾经思考一个问题，就是另一个世界上是不是有另一个我。您对女儿的思考持一种鼓励的态度，是吗？您自己是否相信有一个平行世界的存在呢？

答：对，我是鼓励她的，会兴致勃勃地和她讨论。作为家长，对孩子的最好的智力教育是什么？就是去发现和鼓励孩子的提问，然后平等地和她讨论。有没有一个平行世界，我不知道，不能肯定也不能否定，无法回答。你相信吗？我知道你肯定相信，才会这样问。（掌声）

问：您说到一个人内心有什么，看到的世界就会是什么。事实上诗人、作家、天才自杀的比较多，是因为内心阴暗面太多，所以对世界就看到太多的阴暗面，还是有其他的原因？（掌声）

答：这是两回事吧。我的意思是说，一个人内心世界的丰富程度决定了他的精神视野的宽窄和深浅。天赋高的诗人和作家自杀比较多，原因可能是他们太敏感，太敏感就会很脆弱。但是具体的自杀原因很不一样，大多和亲身的遭遇有关，共同的是对人生绝望了，看不到继续活下去的意义。一般来说，完全沉浸在自己内心世界的诗人容易有自杀倾向，他们一根筋，梦一破碎就绝望了。像歌德这样的客观的诗人就活得很好，善于把握好情感和理智、理想和现实之间的平衡。（掌声）

北京市第四中学

问：我读过您的《善良·丰富·高贵》，然后就做了一件我的家长认为很愚蠢的事情。在大街上你经常会遇见乞讨的人，那天我去上学的路上就遇到了这么一个人，他看着我径直朝我走过来，说他是哪里的人，发生了什么事情，希望我能借给他一点儿钱，我就毫不犹豫地拿了一百多块钱给他。他说会还给我的，要了我的手机号，但是他后来再也没有联系我。我就想是不是被他骗了，我听说在北京这种骗子还是挺多的，但我立刻就批判我自己，说你怎么能这样想，人的本性都是善良的，你怎么能把人往坏里想不往好里想呢，为此很郁闷，很纠结。我回家和我母亲谈这件事情，她也说我傻，但是我就是想不明白一点，在当今的社会上，你善良是正确的，可是你善良有一种君子容易被小人欺负的感觉，我想问您对现在社会上这种现象是怎么看的？

答：我也觉得你是受骗了。（笑声，掌声）善良的人往往容易以君子之心度小人之腹，用自己的善良去猜想别人的心肠，善良的人最容易犯的错误就是轻信，太容易相信别人。当今社会的环境确实很复杂，尤其对孩子和少年人来说，是一个比较险恶的环境。所以我想，第一你要坚持善良，不要因为社会的这种复杂、这种冷漠，让自己善良的心也变得冷漠起来，这个情况是很容易发生的。第二你对这个社会环境必须有一个警惕心，你可以相信大多数人在本性上是善良的，但要清楚世界上并不都是善良的人，肯定有这么一部分人已经变坏了，他们会利用人们的善良，比如你遇到的装作可怜的样子出现的人，对这种情况要有警惕，否则你还会再次受骗。（笑声）

问：好的，周老师，这就联系到下一个问题。后来我知道受骗了就特别愤怒，然后我就有这样一个想法，就是作为一个善良的人，你怎么能眼睁睁地看着更多的人也受骗呢，我就在北京城里四处找乞丐，当发现他们是假的乞讨者的时候，我就不知道该怎么办了。

答：你怎么判断真假呢？

问：很简单，比如大街旁放着一具尸体，我就去帮忙，结果他坐起来了。（笑声）我就不知道遇到这样的现象应该怎么办。

答：你没有别的办法，你走开，报警。

问：还有一个问题，跟善良没有太大的关系了。我初中的时候，小贩在我们学校墙壁上凿了一个洞，经常有学生去买吃的、喝的。我当时不知道校方禁止这样做，后来老师在广播中要全年级互相揭发，我才知道这是一个错误的行为。作为一个诚信的人，你不把自己举报上去，你的良心上就过不去，我就把我自己举报上去了。（笑声）当即老师就在广播中批评，弄得我特别纳闷儿，我这个诚信到底是应该还是不应该呢？当时学校里基本上没有人知道我在那边买东西，我应该不应该去举报自己呢？

答：我认为老师的处理是有问题的，如果我是这个老师，第一我会原谅你，因为你不知道学校有这个规定，事情本身也不是什么大错。

第二我会表扬你，因为你诚信。反正我不会批评你。（掌声）

问：我想问一个问题，按照您的定义，那韩寒算知识分子吗？（笑声，掌声）

答：我是很欣赏韩寒的，他也许读的书不是特别多，但是他很爱思考，而且他的思考有相当的深度，既然这样的话，周国平说他是不是知识分子也就不用在乎了。（掌声）

问：何为经典？例如您的书算经典吗？（笑声，掌声）

答：肯定不是，我说的完全是真心话。我认为我的作用是什么？实际上是把人们引导到经典面前，你看我的书，很多文章是读那些大师作品以后的感悟，不是我的原创。也确实产生了这样的效果，很多读者看了我的书以后，会去读我谈到的那些经典作家的书。至于什么是经典，这个很难判断，所以我只好说时间是一个标准，就是一代又一代会读书的人都说好，这就像滚雪球一样，一本书产生的影响都加到了这本书上面，它就成了经典。但是，我觉得这个不重要，就是一本书能不能列入经典并不重要，我的意思是你一定要去读好书，读了以后精神上真正能得到提升的书，这个标准是你能够掌握的，你自己可以判断的。（掌声）

问：周老师您好，我高一的时候第一次读到您的书，就是《人生哲思录》，在我们学校对面的书店买的。我记得特别清楚，当时我把书放在床头，每天晚上在睡觉之前看那么几段，我生命中第一次，就是我一下就被这本书吸引住了。我每天回家，好像就觉得有一个朋友在那里等着我去与他相见。今天我想问您和阅读直接相关的问题，您认为阅读对一个中学生非常重要，但是我现在时间非常有限，每天的学习或者做练习题已经占据了我们大量的时间。所以每天回家的时候可能只剩下二十分钟可以用来读书了。如果这样的话，我担心我的阅读习惯的养成就被耽误了，这样会不会对我以后造成影响？（掌声）

答：我从你刚才的话里面听出来，你是非常渴望每天保证有时间去阅读的，你有这样一种心情的话，哪怕每天坚持二十分钟，我觉得你的阅读习惯仍然会保持下去的。有时候阅读会暂时中断，我也有过这样的情况，集中精力去做一件事情，阅读可能会中断一段时间，但是我觉得这种内在的渴望还在的话就不怕。

问：但是我现在不能确定我这种渴望会不会因为时间的延续而衰落。

答：我也不能确定。（笑声，掌声）但是你有这种警觉就很好。

问：周老师，既然您是一个哲学家，我想听听您对社会的看法。现在的社会具有很强的功利性，我们是应该陷入对功利社会的绝望，还是应该站出来去改变它？我们应该有一个什么样的态度？我觉得我自己是属于非功利的，我想看书，但是我妈妈就说你应该去学习、好好准备高考之类的。这个社会对于非功利的追求实在是太轻蔑了，我想知道您的看法。（笑声，掌声）

答：这是一个难题。你让我说，我也左右为难，我怕害了你。我觉得在一般情况下，你说的功利和非功利应该尽可能地兼顾，我这个就比较圆滑了，是比较中庸的一种做法。你在这个现实的社会里生活，你可能不得不兼顾一下功利的一面。但是有一点，我相信如果你非功利的、纯粹的追求非常强大的话，功利的那一边舍弃了也没关系，我自己就有过这样的经历。所以我总是强调，从非功利来说，一个人应该追求的是优秀，而功利就是追求成功，应该把优秀作为主要目标，兼顾一下成功，能得到挺好，得不到也别太在乎。这是从人生的长期过程来说，应该把优秀作为主要目标。具体到某一个特定阶段，比如说你面临高考，可能就不得不多照顾一下功利的那一面。当然，如果你对自己充满信心，我考不上也没关系，相信我坚持走自己的路，我仍然可以成为一个优秀的人，你有这样的信心，当然放弃功利也没什么大不了。（掌声）

问：人是不能否定他有社会属性的，您刚才说不太建议我们把时间花在网络上，去看一些比如说八卦的东西，但是我觉得这应该算是我和朋友的一些谈资吧。如果用很多时间去独处，外人看来我这个人可能太封闭，不和人交流。我想问一下，怎么平衡个人情操的陶冶和人的社会属性？（掌声）

答：两方面兼顾是对的，但是我觉得要分清哪个是更根本的。我自己的体会，独处、自己学习、思考、写作——我说的写作是广义的，是通过记录自己的感受和思考，对自己内心的一种整理——这个东西是更根本的。在这个前提下，一个人也不应该封闭自己。其实有独处需要的人未必是性格孤僻的人，这和性格是两回事，有的人很开朗，但是如果没有独处的时间，他会感觉这种生活很糟糕，整个人是散于外部事物中的。一个人的时间总是有限的，所以是怎么分配时间的问题，所以我说宁可多花时间独处、阅读、思考，少一点儿时间上网看八卦、聊天。谈资这个东西重要吗？同学之间聊最近的八卦，你插不上嘴，当时会有点儿失落，可是你想想，从长远来看，真是一点儿不重要。我年轻的时候和人谈话也不多，大量的时间是自己独处，我习惯了，觉得挺好。当然，每个人的性格和需求不一样，你可以两者兼顾，但是要分清主次。

问：我特别喜欢昆德拉的书，我看您的书里也提到他，我比较喜欢他对轻和重的论述。我发现有的人活在世界上，不是为了自己而活，更多的像是为了一些社会道德给他的各种定义和标准而活，活了一辈子不能活出真正的自己来。我就常常想，做人一辈子至少要让自己满意才好，但是我又问自己，什么是我真正想要的？我自己到底想做一个什么样的人？其实我很难清楚自己真正想要的是什么，就感到很困惑。

答：那是因为你还年轻，一个人要知道自己到底是个什么样的人，这是通过人生的阅历不断思考的结果。我在你这个年龄的时候，也完全不知道自己到底要什么，对自己的未来没有任何明确的预期，不知道自己将来的走向，其实也不可能知道。直到很晚的时候——大约四十岁的时候，我觉得自己才比较清楚了。所以我觉得没有关系，你心里有找自己的路的想法就已经很好了。这肯定是一个过程，是逐渐地清晰起来的，你现在已经有这样的意识，这已经很可贵了。

问：但是我不知道自己要什么，就可能会走弯路，我老了以后就会痛恨自己曾经这样，我特别怕后悔。

答：如果你年轻的时候没有走过弯路的话，我觉得你的生活就太简单了。但是如果你年老了还在走弯路的话，我觉得你这个人就太简单了。（笑声，掌声）

华东师范大学第二附属中学

问：周老师，我在阅读中有一个困惑。当我很投入地去理解作者的观点，最终发现得出的体悟好像只是在重新发现自己内心本来就有的一些想法，是我的价值在这本书上的投射而已。我想探索一些新想法，最终却觉得好像是被自己的一种整体思想牵制着，在阅读的过程中，好像只是不断地把自己的思想延长，并没有看到一个新的方向，没有站到地平线上朝外面看一眼。我不知道您在阅读的时候有没有类似的感受，您怎么看待我的这样一种困惑？

答：阅读是一个积极的过程。西方哲学有一种理论叫作解释学，现代的代表人物是伽达默尔，他提出一个观点，认为接受过程是视域融合的过程。你在读一个文本的时候，文本有它的一个视域，有它的观点和见解，但你也不是一片空白，你有你的一个视域，就是你在读这个文本以前已经形成的观点和见解，那么，接受的过程实际上就是这两个视域融合的过程。这是一个积极的过程，既不是单纯地解释文本的见解，也不是单纯的自我发现。一定有新的东西在增加进来，很可能你自己没有察觉到，所以你感到沮丧。你说你被自己的整体思想牵制着，我想问一下，你的这个整体思想是怎么形成的？我不相信仅仅凭借你自己的思考，没有读任何书籍，就能形成这个整体思想，事实上在它形成的过程中，你以前的阅读已经做了贡献。就你的情况而言，我建议你以后阅读时要特别留心书中和你不同的见解，这样可以强化对新东西的意识。（掌声）

问：人的智力有一个作用，是要去发现自己的特殊禀赋，在自己有兴趣的领域去探索，这样就能得到更好的发展。如果一个人的一生就像您所说的哲学家那样，用好奇心去探索那些无解的问题，您觉得他的人生之路应该如何去走？他没有一个专业，没有所谓的一技之长，而是像孔子所说的那样，宁愿去做一个赶马车的车夫，这样的人又该怎么样度过人生呢？

答：那很可能是一个悲剧。（笑声）他可能走火入魔，一事无成，然后就穷困潦倒，甚至疯了。作为一个有智力禀赋的人，你应该永远保持好奇心，但是仅仅这样是不够的，你还应该把你的好奇心按照你的禀赋向某一个方向发展，否则就会一事无成。哲学思考本身不能成为一个职业，你必须解决饭碗问题，有一个可以谋生的具体职业。

问：像您的话是怎么样结合的？

答：我也有我的职业或者说专业，比如在社科院工作，研究尼采哲学，做翻译，写专著。我自己对人生问题和时代问题很关注，在尼采那里找到了共鸣，所以在学术上就把尼采哲学作为我的主要研究方向，这就是一种结合。

问：这样会不会失去原创性？

答：不会的，原创性这么不堪一击吗？那也就不是原创性了。原创性应该是强大的，是一种不可摧毁的精神本能。（掌声）

问：您谈到事业的问题，自己的特长在合适的领域得到很好的发挥，这才可以称之为事业。像我们高中生马上也要面临今后人生走向的问题，当自己的兴趣和整个社会的环境发生矛盾的时候，我想问一下该如何权衡？可能你喜欢做的事情在这个社会上并不能得到良好的发展，甚至不能让你维持基本的生存。

答：我首先要说明一点，一个年轻人，尤其是一个高中生，或者就算是大学毕业了，你所选择的专业未必就是你一辈子的事业。一个人要找到最适合自己的领域，这是一个过程，有的人早一些，有的人晚一些，但是并不是在学校阶段都能找到的。我自己也是很晚才找到了自己的事业方向和写作方式。你主要谈的是生存压力的问题，现在的年轻人的确都面临这个问题，选择职业的时候是选择自己真正喜欢的工作，还是选择能够比较好地解决生存问题、挣钱多一点儿的工作。我的看法是这样的，生存问题必须解决，否则会很潦倒，最后你喜欢的东西能不能坚持下去都是问题。如果你确实在某方面有强烈的兴趣，这是非常好的，我发现很多人根本不知道自己喜欢什么，那就很可悲了。你很明确地知道自己喜欢什么，但是，如果你去选择这方面的职业，或者环境不允许，或者会承受很大的经济损失，在这样的情况下怎么办？我觉得应该权衡，并不是非此即彼的，如果让我来做选择的话，我可能会选择一个能够比较好地解决生存问题的工作，同时在业余时间坚持自己的爱好，然后寻找机会把业余爱好转变成我的主业，可以走曲线发展自己兴趣的道路。

问：您刚才说在北大上学的时候，那些教材不是您真正想学的东西。您是不是觉得，现在的应试教育中我们必须去学的这些东西也是阻碍人性发展的？

答：关键是你内心要清醒，和它划清界限，一方面你去对付它，另一方面你不会把这个东西看得太重要，不让它来限制你。我并不是说现在应试教育的教材都是不好的，里面会有一些有用的、必须学的东西，但是肯定有一些内容对于智力发展、人性发展是毫无用处的，还有一些教育方式是不对的。作为一个学生，你没有办法，必须对付应试，但是如果你清醒的话，就能把对你的损害减少到最低限度。（掌声）

问：您说要有一个超越的自我，我想问这个是不是就是道家所说的真我？

答：不同的宗教和学说可能会有不同的名称，比如基督教说是灵魂，佛教说是佛性，道家说是真我，亚里士多德说是理性，总之是一个精神性的自我，区别于肉体的自我或者社会性的自我。

问：那么这个超越的自我就是我们精神追求的终点吗？

答：精神追求永远没有终点，只有方向，那是一个方向。（掌声）

问：您觉得上海中学三年的学习经历对您现在的最大影响是什么？（笑声，掌声）

答：上中有特别好的学习风气，不过我想，我读高中是在上中还是在别的学校，这不是关键的，我对自己有信心，上别的学校也不会差。我觉得一个人的中学阶段非常重要，我把它称为发现的时代。发现了什么？对我一生最重要的四个东西，就是性、死亡、自我和书籍。性，因为那正是身体发育的时候，冲动、敏感、苦闷，让我变成了一个很内向的人。死亡，经常想到自己最后会死，很恐惧、很痛苦。自我，因为知道自己会死，只能活一次，就意识到了自己的独一无二。书籍，就是爱上了阅读。这四个东西几乎成了我一生的关键词，影响重大。我说爱上了阅读，是指人文书籍。上中的传统是重视数理化，看轻文科，我们班五十个同学，毕业的时候选择志愿，四十九个同学报考理工科或医农科，当时医农科是和理工科分开的，只有一个同学报考文科，就是周国平。（笑声）但是周国平是班上的数学课代表（掌声），我非常喜欢数学，可是因为爱上了阅读，结果只有我一人报考文科，一辈子从事哲学，你们说影响大不大？（掌声）

问：我对理论性的东西比较感兴趣，有些人说你是不是应该学以致用一下，这个时候我应该随着我的感觉来呢，还是接受别人的意见，去学一些可操作的东西？

答：在今天的时代，纯理论性的学科不受重视，但不等于没有价值。相反，从人类知识的发展看，纯理论性的学科是基础，比应用性的学科更重要。不过，对于个人来说，选择纯理论性的学科是一个冒险，一是因为在这个领域很难有突破和创新，二是将来可能面临就业的困难。比如说，学哲学的比学传媒的难就业，学数学的比学计算机的难就业。所以，关键是你是否真正有强烈的兴趣，如果是，我觉得你应该坚持，并且要有精神准备，甘于承受从功利角度看是吃亏的后果。走一条不合时宜的路，你可能会失败，得不到社会的承认，而走功利的路本来可以得到的东西也丢了，那个时候你的心态要好。我有很长时间就是这样的，我喜欢写东西，但根本没有地方发表，在社会上也吃不开，不会和人搞关系，但是我就认了。首先看你是不是真喜欢，如果真喜欢，就要有一个好心态。（掌声）

问：我喜欢的和我的天赋发生了冲突，我该怎么选择？

答：会吗？

问：比如说我烧一手好菜，我有能力成为一个大厨，但是我并不喜欢这样，我喜欢数学，想成为数学家，我该怎么样抉择？

答：首先我告诉你，天赋和兴趣一定是一致的，你擅长做菜，你就肯定是喜欢做菜的，否则你不可能擅长。所以，这不是天赋和兴趣之间的冲突，而是两种不同的兴趣或者说两种不同的天赋之间的冲突，因此需要从中选一个作为自己的专业。当然，有数学天赋的人去做大厨就太可惜了，你就做数学家吧。

问：如何定义喜欢和爱？（掌声）包括人和事。

答：这两个词在男女情感问题上用得比较多一些，两个人之间情感的程度不一样，甲对乙说"我爱你"，乙就抱歉地说"我只是喜欢你"，喜欢比爱的程度要低一些。对事情也是一样的，爱的是事业，喜欢的只是一般的爱好。

问：怎么样在一堆漂亮的小姑娘中找到你所喜欢的那一个，或者说怎么样在一堆好书中找到自己喜欢的那一本？

答：去读那些小姑娘，去读那些好书，没有别的办法。

问：我找到了方向，就是哲学，然后看书的时候发现我看不懂，您作为前辈能给我一点儿建议吗？

答：我很纳闷儿你既然看不懂的话，是怎么找到这个方向的？（笑声）（同学：我喜欢思考东西。）你思考什么东西呢？（同学：比如思考爱是什么。）我知道你的意思，你是对人生中某些重要的价值想要追根究底，这的确是一种哲学的倾向。如果你真的对哲学感兴趣，可以找一些适合你现在的水平的书先看起来，我不相信你所有的哲学书籍都看不懂，总有看得懂的吧，如果都看不懂，那我劝你就不要把哲学当你的方向了。

问：您说时间是检验好书的标准，但是我们生活在这个时代，如果只读以前的书，如何才能和当今的时代发生碰撞？

答：你的这个问题提得好。我不认为一个人可以不关心时代，但是有一个前提，你通过阅读经典，对于人类所追求的那些基本的恒久的价值有了相当的了解和领会，在这个前提下，你才能对时代做出正确的判断，知道哪些东西是好的，哪些是不好的。经受了时间检验的精神价值是标准，而当今时代是素材，你要用所掌握的标准进行分析。立足于永恒看时代，你是清醒的，否则的话，你会完全被时代的东西所支配。

（举行此讲座的时间、地点：2010年12月14日，北京一零一中学；2011年4月14日，北京市第四中学；2011年11月12日，苏州中学；2011年11月14日，华东师范大学第二附属中学）

与中学生谈写作（演讲提纲）

　　三辰影库请一些作家来给中学生谈写作，我也在被请之列。我不知道自己算不算一个作家。我没有申请加入作家协会，不是作协会员。我的专业是哲学，不是文学。我写过一些东西，因为不像一般学术论文那样枯燥和难懂，人家就把它们称为散文，也就把我称为作家了。这些都不重要，重要的是，我的确喜欢写作，写作的确成了我的生活的一个重要内容。

　　我自己从来不看作文指导、作文秘诀之类的东西，因为我不相信写作有普遍适用的方法，也不相信有一用就灵的秘诀。所以，我不会来和你们说这些。如果有谁和你们说这些，我劝你们也不要听，他说出的肯定是一些老生常谈。一个作家关于写作所能够说出的最有价值的东西，是他自己在写作中悟出来的道理。我尽量只讲这个。我想根据我的体会讲一讲，对于一个写作者来说，最重要的道理是哪些。

第一讲　写作与精神生活

这一讲的主题是为何写。你们来听这个讲座，目的当然是想学到写作的本领。但是，为什么想学写作呢？这是一个不能不问的问题，它关系到能不能学成，学到什么程度。

一、真正喜欢是前提

一定有不少同学是怀着作家梦学写作的，他们觉得当作家风光，有名有利。现在中学生写书出书成了时髦。中学生写的书，在广大中学生中有市场，出版商瞄准了这个大市场。中学生出书是新鲜事，有新闻效应，媒体也喜欢炒。现在中学生用不着等到将来才当作家，马上就有可能。这对于中学生的作家梦是一个强有力的刺激。

我不认为中学生写书出书是坏事，更不认为想当作家是不良动机。但是，这不应该是主要动机甚至唯一动机。如果只有这么一个动机，就会出现两个后果。第一，你的写作会围绕着怎样能够被编辑接受和发表这样一个目标进行，你会去迎合，失去了你自己的判断力。的确有人这样当上了作家，但他们肯定是蹩脚的作家。第二，你会缺乏耐心，如果你总是没被编辑看上，时间一久，你会知难而退。总之，当不当得上作家不是你自己能够做主的事情，所以，只为当上作家而写作，写作就成了受外界支配的最不自由的行为。

写作本来是最自由的行为，如果你自己不想写，世上没有人能够强迫你非写不可。对于为什么要写作这个问题，我最满意的回答是：

因为我喜欢。或者：我自己也不知道为什么，就是想写。所有的文学大师，所有的优秀作家，在谈到这个问题时都表达了这样两个意思：第一，写作是他们内心的需要；第二，写作本身使他们感到莫大的愉快。通俗地说，就是不写就难受，写了就舒服。如果你对写作有这样的感觉，你就不会太在乎能不能当上作家了，当得上固然好，当不上也没关系，反正你总是要写的。事实上，你越是抱这样的态度，你就越有可能成为一个好的作家，不过对你来说那只是一个副产品罢了。

所以，我建议你们先问自己两个问题：第一，我是不是真的喜欢写作？第二，如果当不上作家，我还愿意写吗？如果答案是肯定的，你就具备了进入写作的最基本条件。如果是否定的，我奉劝你趁早放弃，在别的领域求发展。我敢肯定，写作这种事情，如果不是真正喜欢，花多大功夫也是练不出来的。

二、用写作留住似水年华

有人问我：你怎样走上写作的路的？我自己回想，我什么时候算走上了呢？我发表作品很晚。不过，我不从发表作品算起，我认为应该从我开始自发地写日记算起。那是读小学的时候，只有八九岁吧，有一天我忽然觉得，让每一天这样不留痕迹地消逝太可惜了。于是我准备了一个小本子，把每天到哪儿去玩了、吃了什么好吃的东西等都记下来，潜意识里是想留住人生中的一切好滋味。现在我认为，这已经是写作意识最早的觉醒。

人生的基本境况是时间性，我们生命中的一切经历都无可避免地会随着时间的流逝而失去。子在川上曰："逝者如斯夫，不舍昼夜。"人生最宝贵的是每天、每年、每个阶段的活生生的经历，它们所带来的欢乐和苦恼，心情和感受，这才是一个人真正拥有的东西。但是，这一切仍然无可避免地会失去。总得想个办法留住啊，写作就是办法之一。通过写作，我们把易逝的生活变成长存的文字，就可以以某种方式继续拥有它们了。这样写下的东西，你会觉得对于你自己的意义是至上的，发表与否只有很次要的意义。你是非写不可，如果不写，你会觉得所有的生活都白过了。这是写作之成为精神需要的一个方面。

三、用写作超越苦难

人生有快乐，尼采说："一切快乐都要求永恒。"写作是留住快乐的一种方式。同时，人生中不可避免地有苦难，当我们身处其中时，写作又是在苦难中自救的一种方式。这是写作之成为精神需要的另一个方面。许多伟大作品是由苦难催生的，逆境出文豪，例如司马迁、曹雪芹、陀思妥耶夫斯基、普鲁斯特等。史铁生坐上轮椅后开始写作，他说他不能用腿走路了，就用笔来走人生之路。

写作何以能够救自己呢？事实上它并不能消除和减轻既有的苦难，但是，通过写作，我们可以把自己与苦难拉开一个距离，以这种方式超越苦难。写作的时候，我们就好像从正在受苦的那个自我中挣脱出来了，把他所遭受的苦难作为对象，对它进行审视、描述、理解，距离就是这么拉开的。我写《妞妞》时就有这样的体会，好像有一个更清醒也更豁达的我在引导着这个身处苦难中的我。

当然，你们还年轻，没有什么大的苦难。可是，生活中不如意的事总是有的，青春和成长也会有种种烦恼。一个人有了苦恼，去跟人诉说是一种排解，但始终这样做的人就会变得肤浅。要学会跟自己诉说，和自己谈心。久而久之，你就渐渐养成了过内心生活的习惯。当你用笔这样做的时候，你就已经是在写作了，并且这是和你的精神生活合一的最真实的写作。

四、写作是精神生活

总的来说，写作是精神生活的方式之一。人有两个自我，一个是内在的精神自我，一个是外在的肉身自我，写作是那个内在的精神自我的活动。普鲁斯特说，当他写作的时候，进行写作的不是日常生活中的那个他，而是"另一个自我"。他说的就是这个意思。

外在自我会有种种经历，其中有快乐也有痛苦，有顺境也有逆境。通过写作，可以把外在自我的经历，不论快乐和痛苦，都转化成了内在自我的财富。有写作习惯的人，会更细致地品味、更认真地思考自己的外在经历，仿佛在内心中把既有的生活重过一遍，从中发现更丰富的意义，并储藏起来。

我的体会是，写作能够练就一种内在视觉，使我留心并善于捕捉住生活中那些有价值的东西。如果没有这种意识，总是听任好的东西流失，时间一久，以后再有好的东西，你也不会珍惜，日子就会过得浑浑噩噩。写作使人更敏锐也更清醒，对生活更投入也更超脱，既贴近又保持距离。

在写作时，精神自我不只是在摄取，更是在创造。写作不是简单地把外在世界的东西搬到了内在世界中，它更是在创造不同于外在世界的另一个世界。雪莱说："诗创造了另一种存在，使我们成为一个新世界的居民。"这不仅指想象和虚构，凡真正意义上的写作，都是精神自我为自己创造的一个自由空间，这是写作的真正价值之所在。

第二讲　写作与自我

这一讲的主题是为谁写和写什么。其实，明确了为何写，这两个问题也就有答案了，简单地说，就是为自己写，写自己真正感兴趣的东西。

一、为自己写作

如果一个人出自内心需要而写作，把写作当作自己的精神生活，那么，他必然首先是为自己写作的。凡是精神生活，包括宗教、艺术、学术，都首先是为自己的，是为了解决自己精神上的问题，为了自己精神上的提高。孔子说："古之学者为己，今之学者为人。"为己就是注重自己的精神修养，为人是做给别人看，当然就不是精神生活，而是功利活动。

所谓为自己写作，主要就是指排除功利的考虑，之所以写，只是因为自己想写、喜欢写。当然不是不给别人读，作品总是需要读者的，但首先是给自己读，要以自己满意为主要标准。一方面，这是很低的标准，就是不去和别人比，自己满意就行。世界上已经有这么多伟大作品，我肯定写不过人家，干吗还写呀？不要这么想，只要我自己喜欢，我就写，不要去管别人对我写出的东西如何评价。另一方面，这又是很高的标准，别人再说好，自己不满意仍然不行。一个自己真正想写的作品，就一定要写到让自己真正满意为止。真正的写作者是作品至上主义者，把写出自己满意的好作品看作最大快乐，看作目的本身。事实上，名声会被忘掉，稿费会被消费掉，但好作品不会，一旦写成就永远属于我了。

唯有为自己写作，写作时才能拥有自由的心态。不为发表而写，没有功利的考虑，心态必然放松。在我自己的作品中，我最喜欢的是《人与永恒》，就因为当时写这些随想时根本不知道以后会发表，心态非常放松。现在预定要发表的东西都来不及写，不断有编辑在催你，就有了一种不正常的紧迫感。所以，我一直想和出版界"断交"，基本上不接受约稿，只写自己想写的东西，写完之前免谈发表问题。

唯有为自己写作，写作时才能保持灵魂的真实。相反，为发表而写，就容易受他人眼光的支配，或者受物质利益的支配。后一方面是职业作家尤其容易犯的毛病，因为他借此谋生，不管有没有想写的东西都非写不可，必定写得烂，名作家往往也有大量平庸之作。所以，托尔斯泰说："写作的职业化是文学堕落的主要原因。"法国作家列那尔在相同的意义上说："我把那些还没有以文学为职业的人称作经典作家。"最理想的是另有稳定的收入，把写作当作业余爱好。如果不幸当上了职业作家，也应该尽量保持一种非职业的心态，为自己保留一个不为发表的私人写作领域。有一次出版社出版"名人日记"丛书，向我约稿，我当然拒绝了。我想，一个作家如果不再写私人日记，已经是堕落，如果写专供发表的所谓日记，那就简直是无耻了。

二、真正的写作从写日记开始

真正的写作，即完全为自己的写作，是从写日记开始的。我相信，每一个好作家都有长久的纯粹私人写作的前史，这个前史决定了他后来成为作家不是仅仅为了谋生，也不是为了出名，而是因为写作是他的心灵需要。一个真正的写作者是改不掉写日记习惯的人罢了，全部作品都是变相的日记。我从高中开始天天写日记，在中学和大学时期，这成了我的主课，是我最认真做的一件事。后来被毁掉了，成了我的永久的悔恨，但有一个收获是毁不掉的，就是养成了写作的习惯。

我要再三强调写日记的重要性，尤其对中学生。当一个少年人并非出于师长之命，而是自发地写日记时，他就已经进入了写作的实质。这表明第一，他意识到了并试图克服生存的虚幻性质，要抵抗生命的流逝，挽留岁月，留下它们曾经存在的证据；第二，他有了与自己灵魂交谈、过内心生活的需要。看一个中学生在写作上有无前途，我主要不看语文老师给他的作文打多少分，而看他是否喜欢写日记。写日记一要坚持（基本上每天写），二要认真（不敷衍自己，对真正触动自己的事情和心情要细写，努力寻找确切的表达），三要秘密（基本上不给人看，为了真实）。这样持之以恒，不成为作家才怪呢。

三、写自己真正感兴趣的东西

写什么？我只能说出这一条原则：写自己真正感兴趣的东西。题材没有限制，凡是感兴趣的都可以写，凡是不感兴趣的都不要写。既然你是为自己写，当然就这样。如果你硬去写自己不感兴趣的东西，你肯定就不是在为自己写，而是为了达到某种外在的目的了。

在题材上，不要追随时尚，例如当今各种大众刊物上泛滥的温馨小情感故事之类。不要给自己定位，什么小女人、另类、新新人类，你都不是，你就是你自己。也不要主题先行，例如反映中学生的生活面貌之类，要写出他们的乖、酷、早熟什么的。不要给自己设套，生活中，阅读中，什么东西触动了你，就写什么。

重要的不是题材，而是对题材的处理，不是写什么，而是怎么写。表面上相同的题材，不同的人可以写成完全不同的东西。好的作家无论写什么，一总能写出他独特的眼光，二总能揭示出人类的共同境况，即写的总是自己，又总是整个人生和世界。

第三讲　写作与风格

这一讲的主题是怎样写。其实怎样写是没法儿讲的，因为风格和方法都不是孤立的，存在于具体的作品之中，无法抽取出来，抽取出来便不再是原来的那个东西，失去了意义。每一个优秀作家都有自己的风格和方法，它们是和他的全部写作经验联系在一起的，原则上是不可学的。我这里只能说一些最一般的道理，这些道理也许是所有的写作者都不该忽视的。

一、勤于积累素材和锤炼文字

　　好的作品必须有两样东西，一是好的内容，二是好的文字表达。这两样东西不是在写作时突然产生的，而要靠平时下功夫。当然，写作时会有文思泉涌的时刻，绝妙的构思和表达仿佛自己来到了你面前，但这也是以平时做的工作为基础的。作家是世界上最勤快的人，他总是处在工作状态，不停地做着两件事，便是积累素材和锤炼文字。严格地说，作家并非仅仅在写一个具体的作品时才在写作，其实他无时无刻不在写作。

　　灵感闪现不是作家的特权，而是人的思维的最一般特征。当我们刻意去思考什么的时候，我们未必得到好的思想。可是，在我们似乎什么也不想的时候，脑子并没有闲着，往往会有稍纵即逝的感受、思绪、记忆、意象等在脑中闪现。一般人对此并不在意，他们往往听任这些东西流失掉了。日常琐屑生活的潮流把他们冲向前去，他们来不及也顾不上加以回味。作家不一样，他知道这些东西的价值，会抓住时机，及时把它们记下来。如果不及时记下来，它们很可能就永远消失了。为了及时记下，必须克服懒惰（有时是疲劳）、害羞（例如在众目睽睽的场合）和世俗的礼貌（必须停止与人周旋）。作家和一般人在此开始分野。写作者是自己的思想和感受的辛勤的搜集者。许多作家都有专门的笔记本，用于随时记录素材。写小说的人都有一个体会，就是故事情节可以虚构，细节却几乎是无法虚构的，它们只能来自平时的观察和积累。

作家的另一项日常工作是锤炼文字。他不只是在写作品时做这件事，平时记录思想和文学的素材时，他就已经在文字表达上下功夫了。事实上，内容是依赖于表达的，你要真正留住一个好的思想，就必须找到准确的表达，否则即使记录了下来，也是打了折扣的。写作者爱自己的思想，不肯让它被坏的文字辱没，所以也爱上了文字的艺术。好的文字风格如同好的仪态风度，来自日常一丝不苟的积累。无论写什么，包括信、日记、笔记，甚至一张便笺，下笔绝不马虎，不肯留下一行不修边幅的文字，如果你这样做，日久必能写一手好文章。

二、质朴是大家风度

质朴是写作上的大家风度，表现为心态上的平淡，内容上的真实，文字上的朴素。相反，浮夸是小家子气，表现为心态上的卖弄，内容上的虚假，文字上的雕琢。

文人最忌又难戒的是卖弄，举凡名声、地位、学问、经历，甚至多愁善感的心肠、风流的隐私，都可以拿来卖弄。有些人把写作当作演戏，无论写什么，一心想着的是自己扮演的角色，这角色在观众中可能产生的效果。凡是热衷在自己的作品中抛头露面的人，都应该改行去做电视主持人。

真实的前提是有真东西。有真情实感才有抒情的真实，否则只能矫情、煽情。有真知灼见才有议论的真实，否则必定假大空。有对生活的真切观察才有叙述的真实，否则只能从观念出发编造。真实极难，因为我们头脑里有太多的观念，妨碍我们看见生活的真相。在《战争与和平》中，托尔斯泰写娜塔莎守在情人临终的病床边，这个悲痛欲绝的女人在做什么？在织袜子。这个细节包含了对生活的最真实的观察和理解，但一般人绝不会这么写。

大师的文字风格往往是朴素的。本事在用日常词汇表达独特的东西，通篇寻常句子，读来偏是与众不同。你们不妨留心一下，初学者往往喜欢用华丽的修辞，而他们的文章往往雷同。

三、文字贵在简洁

对于一个作家来说，节省语言是基本美德。文字功夫基本上是一种删除废话、废字的功夫。列那尔说："风格就是仅仅使用必不可少的词，绝对不写长句子，最好只用主语、动词和谓语。"要惜墨如金，养成一种洁癖，看见一个多余的字就觉得难受。

第四讲　写作与读书

这一讲的主题是谁在写。一个人以怎样的目的和方式写作，写出怎样的作品，归根到底取决于他是个怎样的人。在一定意义上，每个作家都是在写自己，而这个自己有深浅宽窄之分，写出来的结果也就大不一样。造就一个人的因素很多，我只说一个方面，就是读书。

一、养成读书的爱好

写作者的精神世界与读书有密切关系。许多大作家同时是大学者或酷爱读书的人，例如歌德、席勒、加缪、罗曼·罗兰、毛姆、博尔赫斯等。中国也有作家兼学者的传统，例如鲁迅、郭沫若、茅盾、叶圣陶、林语堂、梁实秋、沈从文。现在许多作家不读书，只写书，写出的作品就难免贫乏。

要养成读书的爱好，使读书成为生活的基本需要，不读书就感到欠缺和不安。宋朝诗人黄山谷说，三日不读书，便觉语言无味，面目可憎。三日不读书，自惭形秽，觉得没脸见人，要有这样的感觉。

读书的面可以广泛一些，不要只限于读文学书，琢磨写作技巧。读书的收获是精神世界的拓展，而这对写作的助益是整体性的。

二、读最好的书

读书的面可以广，但档次一定要高。读书的档次对写作有直接影响，大体上决定了写作的档次。平日读什么书，会形成一种精神趣味和格调，写作时就不由自主地跟着走。所以，读坏书——我是指平庸的书——不但没有收获，而且损害莫大。

我一直提倡读经典名著，即人类文化宝库中的那些不朽之作。古今中外有过多少书，唯有这些书得到长久和广泛的流传，绝大多数书被淘汰，绝非偶然。书如汪洋大海，你自己做全面筛选绝不可能，碰到什么读什么又太盲目。这等于是全人类替你初选了一遍，这等好事为何要拒绝。即使经典名著，数量也太多，仍要由你自己再选择一遍。重要的是要有一个信念，非最好的书不读。有了这个信念，即使读了一些并非最好的书，仍会逐渐找到那些真正属于你的最好的书，并成为它们的知音。

千万不要跟着媒体跑，把时间浪费在流行读物上。天下好书之多，一辈子读不完，岂能把生命浪费在这种东西上。我不是故作清高，我有许多赠送的报刊，不读觉得对不起人家，可是读了总后悔不已，头脑里乱糟糟又空洞洞，不只是浪费了时间，最糟的是败坏了精神胃口。歌德做过一个实验，半年不读报纸，结果发现与以前天天读报比，没有任何损失。

三、读书应该激发创造力

我提倡你们读书，但许多思想家对书籍怀有警惕，例如蒙田、叔本华、尼采。开卷有益，但也可能无益，甚至有害，就看它是激发了还是压抑了自己的创造力。对于一个写作者来说，读书应该起到一种作用，就是刺激自己的写作欲望。

为了使读书有助于写作，最好养成写笔记的习惯。包括：一、摘录对自己有启发的内容；二、读书的体会，特别是读书时浮现的感触、随想、联想，哪怕它们似乎与正在读的书完全无关，愈是这样它们也许对你就愈有价值，是你的沉睡着的宝藏被唤醒了。

2000年10月